웃지 않을 권리

19인 공동시집

웃지 않을 권리

조평자 외

시인동네

| 책을 내면서 |

옹기종기 열아홉 가구가 한 마을을 이루었다.
여느 시골 동네처럼
낡고 오래된 집도 있고 어설픈 현대식 집도 있다.

누군가의 눈에는 볼품이 없을 거고 누군가의 눈에는 정겨운 모습일 거다. 상관없다. 우리가 가진 소재와 재주는 미흡하고 미천할지 모르지만 정성으로 방도 들이고 마루도 닦고 꽃밭도 만들었으니.

아무리 멋진 집이라도 그곳에 사람이 살지 않으면, 훈기가 없으면, 웃음과 울음과 이야기가 없으면 좋은 집이 아니다.

언젠가 집 뜯은 걸 본 적이 있는데
고작 저곳에서 그렇게
울고불고 지지고 볶고 살았단 말인가, 그 흔적에 어이없어 한 적이 있다.

그러나 그것이 집이고 삶이고 우리가 살아가는 시라는 걸
잘 알고 있다. 대궐 같은 집만 집 아니다. 저 산동네 지붕 낮고 허술한

집도 누군가에겐 본향이고 안식처다. 당신도 세상깨나 살아보았다면, 영 형편없다 비웃진 마시라.

2024년 11월

| 차례 |

책을 내면서

강다인
나는 예수의 사랑스러운 모델   14
오늘의 라커룸   16
얼음 길들이기   18
그 철길 끝에 닿고 싶었다   20
맨홀의 시작   22

김수환
얼룩말의 무늬는 반대쪽으로 달아난다   24
슬픔의 계보   25
함안 가야 사람들은   26
나는   27
아닐 수도 있는   28

김정석
당신의 만유인력   30
성혈, 별들의 고향   31
더 간다   32
여기쯤에서   34
우두망찰   36

김정순

날개	38
그림자	40
겨울 강변에서	42
짧아진다	44
진실의 함수관계	46

김효숙

낮달	48
두 개의 시간	50
별의 귀환	52
칠석	54
나의 델포이	56

문젬마

복숭아	58
디아노사우루스	59
동쪽 마을에 사는 여자	60
검은 꽃	62
봄비	64

박미향

줄리의 정원	66
비스포크	67
은하수를 잘못 삼켜 기침을 하는 동안	68
리스본행 야간열차와 김밥	70
정년퇴직	72

박보성

왼쪽과 오른쪽	74
오리	76
민어	78
득도에 들다	79
중도	80

손미영

토시를 낀 남자	82
살구	84
미완성 수틀에 남은 수국	85
면접시험장에서	86
병원에서	88

윤덕점

둥지 1 · 90

내 이름은 윤덕점 · 92

삼천포 · 94

올챙이국수 · 96

벚꽃 지는 날 · 98

윤향숙

열두물 갯벌에서 · 100

쌀 나방 · 101

풋 맛 · 102

거품 같은 것 · 103

타작 · 104

이미화

춤추는 망고 · 106

사과의 힘 · 108

말고기 샤브샤브 · 110

강물 의자 · 112

편의점 의자 · 114

이수니

손바닥에 사는 예수	116
다뉴브 강가의 신발들	117
내 나무, 장하다	118
악력	120
엎드린 사람들	122

이현숙

오리와 나	124
객석	126
양파	128
물속을 걷는 사람	130
들깨 향	132

장미주

발자국 깊이 재기	134
그 여자의 표본은	136
표절하는 시간	138
당신의 보라가 나에게 미친 이유	140
거울을 엎어놓고 거울을 사랑하는 일……	142

정물결

인형 제레미	144
얼음의 기원	146
여기 망고 맛있나요?	148
문진(問診)	150
광(光)	152

조평자

웃지 않을 권리	154
맨드라미	156
물고기체(體) 목도장	158
이정수가 죽었다	160
헬로윈	162

주향숙

사과는 사과를	164
스피카	166
토마토	168
패스츄리	170
요요	172

최은여

서부도서관 열람실에서의 중얼거림   174
미러링   176
밤의 행정구역   178
음지식물   180
립스틱 중독자   182

| 초대시 |

유홍준

새들의 눈꺼풀   184
이과두주   186
차력사   188
유골   190
오므린 것들   192

해설 진주가 부화하여 날개를 달 때   193
       이대흠(시인·문학박사)

강다인

나는 예수의 사랑스러운 모델
오늘의 라커룸
얼음 길들이기
그 철길 끝에 닿고 싶었다
맨홀의 시작

2020년 《발견》 등단. 시집 『나는 예수의 사랑스러운 모델』이 있다.

강다인

나는 예수의 사랑스러운 모델 외 4편

내 아빠는 예수
엄마는 세 명

아빠는 알 수 없는 숫자

엄마는 가득했다 아빠는 넘쳐났다

예수는 지루했다
엄마는 즐거웠다

나는 예수의 사랑스러운 모델

눈은 반쯤 감고 팔을 집어넣었다 누군가의 손이 나를 안으로 끌었다

젊은 예수는 내 쇄골을 다듬는 일에 집중했다 젊은 예수는 완만한 곡선을 사랑했다 예수를 위해 내 몸은 웅크린 곡선을 만들었고 다듬어진 쇄골을 자랑스러워했다

예수는 이 모든 상황이 기도 덕분이라고 했다 엄마는 들어본 적 없는 기도문을 계속 써야 한다고 했고
　이제는 지루하지 않다고 했다

　아빠는 세 명
　엄마는 알 수 없는 숫자

　예수는 가득했다 엄마는 넘쳐났다

　엄마는 지루했다 엄마는 예수를 십자가에 못 박았다 예수의 쇄골은 곡선으로 다듬어졌다
　아빠는 쉽게 태어났다

　나는 모든 게 지루한 딸이었다

오늘의 라커룸

1
기대도 있고 본능도 있습니다
나를 여밀 수 있는 도구는 허리에 달린 끈 하나가 전부입니다 최선을 다해 여자가 됩니다

의자에 앉습니다 다리를 꼽니다
다리라는 끈으로
몸을 여밉니다

2
지퍼가 고장입니다 그 남자
여며야 할, 단속해야 할 무엇도 지퍼 속에는 없다고 합니다
지퍼가 고장 난 그를 그대로 두듯
자존심의 체위를 방치합니다 당신을 허용합니다
어제는 행복했습니까 당신은 최고의 장면을 향해 달려가지만 빈약한 스턴트맨입니다
뛰어내립니다
주먹으로 내리칩니다

목숨 값으로 지펴는 그를 여밉니다

3

그 남자 구겨진 운동화 뒤축을 끌고 늦은 귀가를 합니다 현관문 비밀번호를 누릅니다 그 남자는 현관문의 비밀을 아는 유일한 사람입니다 하지만 현관문은 그 남자를 모릅니다 앞으로도 알지 못할 것입니다 다만, 그 문은 습관처럼 남자를 단단히 여밉니다

4

오늘도 내 몸은 예절을 잘 지켰습니다 원피스 끈을 풀 때입니다 옷걸이는 잘 버텨줍니다 오늘의 라커룸에 잘 넣어둡니다 원피스를 품은 라커룸은 여기까지 묵묵히 걸어온 나의 발자국을 여밉니다 내일의 뜀박질을 위해 오늘을 여밉니다

얼음 길들이기

사과는 녹는다
얼음은 어둡다

사과는 썩지 않고
손잡이 없는 얼음은 자주 무정형이다

얼음을 고민한다
모난 얼음을 둥글게 다듬는다
잘 다듬어진 얼음 바깥은 그늘
사과는 섣불리 얼음의 그늘 속으로 건너가지 못한다

얼음은 다정하게 받아들이기 곤란하다
사과를 장갑 속에 넣고 사과는 이따금 울컥하고
얼음과 사과는 한통속이 되지 못한다

아무도 이 얼음을 양파망에 넣지 않는다
얼음의 공간은 심장보다 좁다

얼음은 멍든다
사과만큼 붉은 얼음은 없나

얼음보다 단단한 사과가 사과를 낳고
붉은 사과를 낳고

얼음 위에 해가 뜬다 사과 속살에 파고든다 사과는 더 붉어진다
얼음과 사과는 같지 않다

당신은 당신의 마음을 모르는 체하고
얼음이 녹을 수 없는 긴 트랙으로 자꾸 멀리 간다

더 붉어진 사과는 당신을 기다리고

그 철길 끝에 닿고 싶었다

누군가 해변에 사다리를 세워두고 갔다

안간힘으로 지탱하고 서 있는 사다리
일자로 이었다

철길처럼 곧게 누운 사다리 끝을
그날, 이라고 했다

집은 철길보다 낮은 지붕을 얹고 있었다 그 낮은
지붕 위에는 타이어 서너 개가 앉아 있었다

기차는 매번 같은 시간을 울며
낮은 지붕을 경유해 갔다 다른 얼굴들이 오르며

내리며

다른 얼굴들 무리에 끼여 소녀도 다른 얼굴이 되어
긴 외출을 했지만

그때마다 낮은 지붕 아래 집으로 되돌아와 있었다

소녀는 누운 사다리를 밟고
한 칸
한 칸 올라갔다 뒤돌아보지 않았다

사다리를 오를수록 파도 소리는 가까워졌고
사다리는 일렁이기 시작했다 소녀는 나직한 어둠을 주먹 가득 움켜쥐었다

그때, 흰 돌고래 한 마리 철길 끝으로 이마를 밀며 날아가고 있었다

맨홀의 시작

은혜라는데 은신입니다
입체라는데 평면입니다
반응이라는데 적응입니다

계곡이라는데 개울입니다
검은 숲이라는데 사막입니다

둥글다는데 세모입니다
유산이라는데 가업입니다 쓰러진다는데 날이 섭니다
나의 정부는 수치라는데 당신의 정부는 감사랍니다
심지어 인류의 끈이랍니다

당신은
전쟁 없이 획득한 전리품,

이 구멍을 나는 버릴 수 없고
당신은 이 구멍을 벗어날 수 없습니다

김수환

얼룩말의 무늬는 반대쪽으로 달아난다
슬픔의 계보
함안 가야 사람들은
나는
아닐 수도 있는

2013년 《시조시학》 등단, 2018년 《경상일보》 신춘문예 당선. 시집 『사람이 간다』가 있다.

김수환

얼룩말의 무늬는 반대쪽으로 달아난다 외 4편

그것은 구석처럼 아련하고 어렴풋하게
망설이다 떠나고 망설이다 돌아왔다가
다시 또 길을 떠나는 어지러운 발자국들

고요한 얼굴을 당겼다가 늦추고
줄지어 달려가고 달려오는 것들을
조각을 맞추어 보듯 붙였다가 버렸다가

그것은 사바나처럼 먼 나라 먼 이야기
줄무늬 교차로 건너 지금도 멀어져가는
그 한때 얼룩무늬를 생각하는 것이다

슬픔의 계보

양에게 복무하는 양치기였다가, 양이었다가
고독한 양치기의 풀피리 소리였다가
모이고 흩어지다가 먼 길 가는 구름 같은

문득, 질문 같은 바람이 일었다가
어딘지도 모른 채 흘러가는 강이었다가
그 사람 가고 난 길에 첩첩 부는 편서풍 같은

생각 하나로 대서양과 다른 경계를 오가는
검은제비갈매기의 좁은 어깨와 빛나는 날개와
학습을 하지 않아도 다 알고 마는 내력 같은

함안 가야 사람들은

   함안 가야 사람들은 무덤을 보며 산다

   칠백 년 왕조의 고분들을 마당처럼 두고 산다 기지개를 켜는 아침에도 빨래를 널다가도 밥을 먹다가도 저렇게 큰 무덤들을 저렇게 큰 미련들을 보며 산다 무덤으로 남은 왕들을 한숨처럼 되새기면서 자기의 멸망도 점쳐보곤 한다 별밤에 더 선명하게 웅크린 무덤들이 멸망한 왕들만의 일 같지 않아서, 별자리를 돌에 새겨 무덤 속에서 우주를 보려던 어리석은 왕을 생각하다가

   이불을 잡아당기듯 무덤을 끌어 덮는다

나는

나는 그가 전철을 타고 은하철도라고 했다

나는 메테르가 늙었더라고 그가 말했는데
나는 그녀가 보고 싶어하더라고 그가 친구에게 전했다
나는 그가 은하철도에서 옛 애인을 또 만났다고 했다
나는 애인이 죽었다고 그가 말했는데
나는 애인이 오늘 살았더라고 친구가 말했다
나는 참 다행이라고 생각한다고 다른 친구들이 말했다
나는 다른 친구들도 은하철도를 타고 싶었지만
나는 친구의 은하철도는 너무 멀다고 그들은 말했다
나는 멀어서 다행일 때도 많다고 외로운 사람들은 말한다
나는 오늘도 0시부터 할 일이 없다고 그가 말한다
나는 새로운 이야기를 기대한다고 내일의 사람들은 자꾸 말한다

어쩌나,
모처럼 만나
내 말만 늘어놓았네

아닐 수도 있는

시작이 아닐 수도 있는 시작이 시작된다
무대가 아닐 수도 있는 무대 위에서
배우가 아닐 수도 있는 배우가 연기를 하고

연기가 아닐 수도 있는 연기를 보다가
아닐 수도 있는 다행 속에 다행으로 빠져든
객석은 기립박수와 브라보를 외친다

아닐 수 있는 시절 아닐 수도 있는 극장에서
아닐 수 있는 것으로 연극은 막을 내리고
오기를 참 잘했다고 당신이 참 좋았다고

김정석

당신의 만유인력
성혈, 별들의 고향
더 간다
여기쯤에서
우두망찰

2004년 《모던포엠》 등단. 시집 『내가 나를 노려보는 동안』 등이 있다.

당신의 만유인력 외 4편

옆에 있으면 좋다. 당신이어도 되고 의자여도 된다. 거기를 우연히 지나는 고양이 한 마리여도 되고 폭탄이 터지면서 꽃이 피어도 된다.

당신에게 가기 위해서 걸음마를 한다. 걸음마는 몇 가지 조건이 충족해야 가능하다. 거리를 계산하고 거리에서 거리가 지워질 때까지 간절하게 몸을 기울인다. 사이와 사이에는 중력이 존재한다. 서로를 끌어당기거나 밀어내는 힘, 그것이 한 걸음의 시작이다.

별은 서로 뒤척거리면서 잠자리를 바꾸는데 그것도 한 걸음이다. 별을 만나고 생각하고 다른 별로 한 걸음 떼면 거기도 별이고 당신이다.

한 걸음의 크기는 모두 다르다. 지구의 일억 년을 한 걸음으로 계산하는 별도 있다. 오늘은 한 걸음에서 시작되고 사이는 한 걸음으로 정의된다. 별과 별 사이가 일억 광년이어도 한 걸음이고 마음과 마음 사이가 백 년이어도 한 걸음이다. 마음이 어디로 옮겨 앉았는지 알 필요 없다. 한 걸음 안에서 만나고 헤어진다.

성혈, 별들의 고향

경상남도 거창군 가조면 우륵2길 생초마을 고인돌에는 별을 부를 때 불을 놓았던 스무 개의 작은 홈, 성혈이 있다 지상 어디에도 더 옮겨갈 곳이 없는 꽃, 누워서 피어 있다

사랑은 옮아가는 질병이다 마음이 하나씩 몸 밖으로 나가 다른 몸으로 옮겨가는 것이다 길은 결국 당신 몸에서 시작해서 내 몸으로 온다 희미하게, 조금 더 희미하게 숨이 지나던 자국이 사라지면 하늘에는 별이 새길을 내고 지도를 만든다 돌아서 가는 사람의 등처럼 조금 쓸쓸한 시간이지만 큰 소리로 울지 않는 것은 조금씩 가늘어지는 숨과 숨 사이 사이 꺼내놓는 지난 시간, 그것으로 연명하는 생이 있는 탓이다

어머니 병실을 나오며 하늘을 본다 흐릿하고 아슴한 별 몇 개 점찍어 본다 그 별 날마다 거기 있을 리 없듯 옮겨갈 시간도 거처도 불분명해서 날마다 새 거처를 물색한다 어디든 다 꽃이 살 거라 생각하니 하늘 보는 일이 즐겁다 저 별 하나하나 별들의 고향, 꽃들의 거처다

더 간다

LPG 탱크 트럭이 가고 컨테이너 트럭이 가고
전봇대가 일렬로 따라가고 있다
교차로 빨간 램프는 공장 안전관리자처럼 웃는다
Stop, 멈춰요!

왼쪽으로 돌아도 오른쪽으로 꺾여가도
아래로 내려가도
위로 올라가도

가로수는 기계적으로
흔들리고 있다
이파리는 윤활유를 먹으며 날마다 조금씩 검어지다가
일시에 쏟아진다

여기서 저기가 공장이고
여기서 저기가 기름밥 삼십오 년
삼십 분을 가도 그늘도 편의점도 없는
공단대로

끝은 이미 지나왔다
남선 철강 공업 지나서 라엔텍 주식회사 지나서
내트럭 하우스 지나서 히터 에어컨 지나서 공단 스크린 지나서

두 손 다 멀쩡한데
잡으려고 하면 손이 없어진다
잡히지 않는다

뭉게구름
발 없는 발이 대신 간다

여기쯤에서

내가 왜 여기까지 왔지
강원도 골짜기에서 나와
인천 어디쯤 수원 어디쯤에서 살다가
저 무심한 사내 어디가 좋다고
여기 전라도 끝까지 따라왔지

전생처럼 버리지 못한
지 애비 그대로 닮은 사내 녀석 둘 달고 사느라
도망갈 엄두도 못 냈던가

가지 말라고 잡을 소견머리도 없는 사내란 걸
일찌감치 알아서 포기하고 살았던가

종일 눈물 찔끔거리다가도 저녁이면
밥상 드밀고 살던 세월이 이골날 만도 한데

평생 쇠를 만들던 사내
속이 쇠로 가득 차서

그냥 무쇠라고 믿고 살았는데

저 사내도 이젠 삭을 대로 삭아서
아무 데나 만져도 부스러질 것 같아서
그냥 두지

그냥 두고 보는 거지 뭐
쇳덩이가 저 혼자 부스러지는 모습이 얼마나 보기 좋은데

우두망찰

눈빛을 멀리 보내도 돌아오지 않으면 봄날입니다
마음을 걸어 잠궈도 새어나가면 봄날입니다

하릴없이 늦은 점심을 먹습니다
간을 해도 국은 쓴맛입니다

자리를 뜨는 꽃을 보지 못하고 잠이 듭니다
덮치는 초록을 피하지 못하고 물들어 버립니다

이미 아는 것들은 다 알고 숲이 됩니다
작고 예쁜 열매가 잎새에 숨어 보고 있습니다

봄에는 바닥까지 닿아 본 적이 없습니다

김정순

날개
그림자
겨울 강변에서
짧아진다
진실의 함수관계

1990년 《시와비평》 등단. 시집 『겨울 강변에서』 등이 있다.

김정순

날개 외 4편

비바람치고 천둥번개 사나운 밤이면
뒤뜰 후박나무가 푸드덕 나래 치는 소리를 듣는다
창문 틈으로
번뜩 찰나에 나무가 날개를 펼치는 것을 보았다
푸른 빛줄기 속에 하얗게 비늘을 세운 나무의 날개
비바람 천둥번개 거세질 때마다
온몸 구석구석 숨겨놓은 날개를 꺼내어
있는 힘껏 솟구쳤다
휘어지고 버둥거리고 이를 악물고

산고를 겪는 산모처럼

그런 날 나는 몸속 어딘가 몰래 서린 날개 한 쌍이
푸드덕 푸드덕 몸부림치는 것 같아 잠을 설쳤다

다음날 뒤뜰에 나가 보면
햇살이 부드러운 혓바닥으로
날개를 접은 나무의 겨드랑이를 속속 들춰가며

온몸에 흥건한 땀방울을
닦아내고 있는 것이었다

그림자

빛 속을 걸어갈 때 그림자가 생기지 않는다면
정말 무서울 거야

눈부신 조명 속에서 입 코 눈 눈썹이 사라진 얼굴 같을 거야
유령처럼 무덤 사이를
걸어 다니는 기분일 거야

어둠에 질식한 빛보다
빛에 잡아먹힌 어둠이 더 슬퍼져

발자국이 증발한 내 뒷모습처럼

캄캄한 관 속에 누워
네 그리움 품을 수 없는 마음처럼

내가 너를 느낄 수 있는 것은
내가 나에게 가장 아름다운 때

내 속에서 새싹처럼 돋아나서
너에게 닿는 순간 같아서

겨울 강변에서

철새가 남겨놓은 흔적보다 더 짧게
지워질 우리의 발자국 보며
나는 듣네

개망초 마른 꽃대
강비탈에 등을 기대고
가슴 톱질하는 울음소리

그러나 나는 알고 있네
저 냉정한 강 깊은 수심 속엔
조금씩 흔들리는 물살 따라
물고기들 지느러미 살아 움직이고
그들의 따스한 숨소리 섞여 있는 것을

저 강을 두고
함께 살 섞어 흘러야 하는 생(生)을
생각하네

그만큼 한 거리를 생각해 보네

나만의 슬픔만으로 말하지 않는다면
우리 풀리지 않는 서러움 어디 있으리

나만의 눈물 속으로 돌아눕지 않는다면
우리 나누지 못할 외로움 어디 있으리

짧아진다

선반 위 접시를 꺼내기 위해
힘껏 치켜세운 까치발 높이가 짧아지고

가족사진 들여다보며
하나하나 얼굴 짚어보는
숫자의 길이가 짧아지고

꽃이 피고 꽃이 지던 내 가슴이 짧아지고

눈이 짧아진 걸까 귀가 짧아진 걸까
너와 나누는 얘기들이 날마다 짧아진다

정전 때마다
심지가 짧아진 초를 찾아 불을 붙인다

눈물에 발을 담그고
조금씩 심지가 타 들어가는 밤

나를 떠나가는 그림자 하나, 불빛 속에서
너울너울 춤을 춘다

진실의 함수관계

살아가는 일은 먹고 사는 일이다, 라는 것은 어머니의 진실이다

살아 있는 것은 자존심의 일이다, 라는 것은 아버지의 진실이다

두 진실의 함수관계에 나는 골몰하고 나는 헤맨다

진실의 DNA에도 우세종이 있을까

아버지는 먹는 일에 너무 목매달지 말기를,

어머니는 자존심에 너무 매달리지 말기를 바랄 테지만

내가 믿는 진실은 어느 쪽에 가까울까

하루는 짐승처럼 먹고 짐승처럼 울고

하루는 공주처럼 입고 공주처럼 울고

김효숙

낮달
두 개의 시간
별의 귀환
칠석
나의 델포이

2014년 《시와사람》 등단. 시집 『나무는 지금』 『나의 델포이』가 있다.

김효숙

낮달 외 4편

해월(海月)이란 해주 기생이 있었다지 아마,
 춤 잘 추던 해월이, 죽어 바다에 떠돌던 해월이, 뼈를 버리고 독기만 남은 해월이,
 해파리로 개명한 해월이 오늘 낮달로 떠 있다

내가 땅에서 흐느적거리면
해파리도 흐느적흐느적 하늘을 밀고 가고
빨리 걸으면 빠르게 가고
뛰면 따라 뛰고
서면 멈춰서고

날개 큰 검은 새 한 마리
해파리를 찍어 올리려고 하늘바다로 뛰어들고
해파리보다 느린 내 걸음이
날개 큰 새의 눈에 찍혀 내던져질까 봐

이래선 안 된다 살기 위해선
치마끈을 바짝 다잡고, 허리를 꼿꼿이 세우고

하늘을 휘젓는 해월의 춤사위에

해월도 아닌 내가

기생 옷을 차려입은 것처럼

모처럼, 모든 심장이 벌렁거리고

두 개의 시간

　병실 안의 시간은 링거 병에서 떨어지는 수액 같다 한 방울 두 방울 초침을 세듯 수액 방울을 세어야 시간이 말을 듣는다 몇 가닥의 젖줄로 젖을 먹여 환자를 키우는 의사는 그게 최선이라 생각하는 것 같고 (줄의 개수와 의료 수가의 관계를 계산하는 것 같고) 나는 무너진 뼈를 세우기 위해 시간을 통째로 저당 잡힌 줄 알면서도 젖줄에 매달려 있다

　당겨도 뽑히지 않고 밀어내도 가지 않는 시간이
　캄캄하게 둥지 트는 밤들이 있다

　창밖 나무에 봄눈이 꽃처럼 달린 날
　눈길을 걸어서 들어왔는데
　어느새 벚꽃이 피었다 진다

　병실 밖의 시간은 보폭 크게, 성큼성큼 옮겨 간다

　겨우겨우 링거 젖을 떼고
　유아처럼 걸음마부터 다시 시작해야 한다니,

휠체어를 타고 달려야만 바깥 시간을 따라잡을 수 있을까
창밖엔 벌써
봄이
푸른 날개가 돋아, 날아갈 준비를 한다

별의 귀환

사람은 죽어 북천의 별이 된다*고 한 사람을 떠올리는
산속의 밤
별빛은 얼음 같아서 온몸에 소름이 돋네

쏟아질 듯
저 별 무리들은
생의 끝장까지 다 펼쳐본 사람이 북천에 마련한 집들

죽음은 죽음끼리 일가를 이루는지
이름조차 알 수 없는 별자리들 참 많기도 하네

나도 여기 자리 하나 만들어
살고 싶네
참좌라든지 지좌라든지 뭐 그런 별자리 하나 만들어 살면
눈동자가 순해져서 다툼도 없을 것 같네

태초부터 북천으로 돌아간 사람 너무 많아
별은 겹겹의 집을 짓고 겹겹의 층을 올리네

자리다툼이 심심찮을 것 같네
거기서도 밀려나면 창천의 먼지로 흩어지나 걱정했는데

하늘 끝까지 밀려난 사람들
오늘 밤 유성우 되어 되돌아오네

＊유홍준 시인 시에서 운을 빌려.

칠석

저건 옛 여인의 애장품이던 곡옥귀걸이, 한 짝만 귀에 걸고
여자는 외출 중이다

접시가 저리 깊어서야
애써 깎아 담은 과일이 무슨 뽄이 나겠노
어머니는 얼마 전 깨진 굽 낮은 쟁반을 아쉬워한다

고기 잡아 돈 벌어 보름달만 한 배를 갖는 게 소원인 아버지
물이 새는 쪽배를 갈대숲에 매고 어스름을 타 돌아온다

걸음마다 쓰임새를 얹었다 내렸다 하며 달을 뒤적이는 건
우주셈법 아닌
사람의 얇은 속셈법

쓸모가 다하면 사람도 부칠 데 없이 외롭듯이
엉거주춤 홀로 떠 있는 달을
잠간 사이
구름이 제 쓰임새에 얹어 데려가고 없다

그예 기다리던 비 몇 방울 뿌린다

나의 델포이

메타세쿼이아는 하늘바라기
키가 크다 새잎이 나기도 전에 허리께가 잘려져 버렸다
폐허에 줄지어 선 신전 기둥 꼴이다
나무 따라 언덕을 오르니 작은 운동장이 나온다
인적 끊긴 지 오랜 듯 농구 골대 아래엔 풀들이 무성하고
간간 새소리만 들린다
힘든 시절이 끝나기 할 건가?
나는 속엣말을 꺼내 땅바닥에다 끄적인다
나무 기둥에다 돌멩이로 '너 자신을 알라'고 써 본다
운동장은 신전이 될 수 없고
신전에 신이 살지 않는 건 익히 알고 있다

운동장을 한 바퀴 돌고는
벤치에 앉아
이제 기다려야 할 것은 오직 죽음이라고 되뇌어 본다

엊그제 들른 성당에서도
하느님은 몇 개월째 출타 중이셨다

문젬마

복숭아
디아노사우루스
동쪽 마을에 사는 여자
검은 꽃
봄비

2016년 〈가톨릭문학상〉 수상. 시집 『북적이지 않는 꽃의 질서』, 산문집 『님의 옷자락 스칠 때』가 있다.

복숭아 외 4편

불온한 생각은 너무 달아요
쉬운 몸은 나도 어쩌지 못하겠어요
벌써 간지러운걸요 이게 나인걸요 내 몸 오그려 사타구니까지 다
핥아 먹고 마지막 뼈다귀 감춰둔 거 당신께 보여드리고 싶어요

엉덩짝 시뻘게지도록 맞아가며 새겨둔

나의 형상기억합금 두개골

디아노사우루스

자꾸 가슴을 문질러대는 여자

소문이 옷가지보다 많은 여자

손 거스랭이 물어뜯는 여자

웃지 않는 여자

울지 않는 여자

집에 커다란 코끼리 키워요?

다시 가슴이 쿵쿵대는 여자

동쪽 마을에 사는 여자

신호가 바뀌었다

해가 설핏하면
서쪽으로 돌아가는 운전 습관
상해버린 마음 나부랭이 파묻을
밭떼기나 살피러 가는 길
단숨에 건너지 못하는 인공호수가 있다

자꾸만 자꾸만 서쪽으로 돌아가는 고개
슬픔은 무게가 되어 체중계에 실린다
그 집 귀신이 되어라
말씀이 징 되어 알알이 박혀 있는 대들보에
자일을 걸어두고
직진으로 적진으로 달려온 날이 일몰 붉은 스카프에 불붙는다
여기는 사고 많은 지점입니다 내비 양 간섭이 끼어든다

사나운 울음보 터지기 직전
딸려오는 망상들

종아리며 목덜미 벌게진다
사거리 현수막 붉게 나부낀다

죽어서도 잊지 못할 친정이 서쪽인 나는
동쪽을 사는 여자입니다

검은 꽃

애월 바다 건너 택배가 왔다
맨몸이 부딪친 자리 노랗게
택배 상자 물집 잡힌 안부에서
내음이 진동한다

상자는 불퉁하다
긴장을 풀지 못한 채
견고하게 봉인된
입 하나가 전부인
몸통, 보루박스 살점이 뜯겨 나온다
비닐테이프 물고 있던 입술은
끝끝내 침묵한다

검은 고양이는 혓바닥으로
스스로를 핥고 있다

센텀병원 중환자실 침상에 들어 있는 당숙
화농의 자리 검은 꽃이 피어나고

부부는 날이 갈수록 말수가 줄어든다
부패한 향이
돌이킬 수 없는 시간에
연고를 바르고 있다

'친애하는 당신'이라 쓰려다
1:1 카톡 창을 닫는다
돌아눕는다

봄비

초인종을 누르며
정중하게 방문한 적이 없다

내연관계였다
가랑이 꿰찰 틈도 없이
뒷문으로 도망쳐 나갔다

단 한 번도
다음을 기약한 적이 없는
건달이었다

그가 남발하는 부도수표
열두 장에는
가끔
뾰족하게 새순이 돋기도 하였다

박미향

줄리의 정원
비스포크
은하수를 잘못 삼켜 기침을 하는 동안
리스본행 야간열차와 김밥
정년퇴직

2013년 박재삼신인문학상 수상. 시집 『붉은 주파수의 저녁』이 있다.

줄리의 정원 외 4편

손님들은 떠나고 없다

풀밭에 던져진 푸른 넥타이
그림자가 길게 끌고 간다

오래 긴장한 목이 덜렁덜렁 끌려간다

도마뱀의 꼬리처럼 잘린 그녀의 과거는
소포 상자에 들어가 지금 배달 중

구름을 뒤집어쓴 미래가 낙하산을 타고 내린다

뿔이 예쁜 신부는 사막이 고향
별무늬 신발 한 켤레 벗어놓고

뿔도
신랑도 모두 노래를 부르러 갔다

비스포크

강화유리의 슬픔을 아니? 매끄러운 알레르기, 건드리면 주르륵 전생이 쏟아져 얼리지 않으면 안 되는 슬픔이 있지 냉장된 감정이 냉동되는 데에는 한 치의 오차도 없어 틈의 역할은 중요해 하하하하 웃음을 얼리면 몇 그램이 될까? 어제 만난 너를 냉장실에 보관했어 어제의 신선함이 상하면 안 되잖아 두고두고 아껴먹고 싶은 건 따로 있어 사람들은 다 알아 흔들리는 눈빛을 따라 들어가면 불안한 네가 웅크리고 있지 앗! 문을 열지 마

문을 열 때마다 내가 녹고 있어

언제까지 나는 너에게서 싱싱할 수 있을까?

은하수를 잘못 삼켜 기침을 하는 동안

늦은 밤
나는 산미구엘*과 놀고 있습니다

산미구엘의 거품은 하늘 위로 사다리를 놓습니다
장바구니에 담아온 카랑코에 꽃잎은 별의 입술을 하고 반짝 웃습니다
오늘 나는
그동안의 내 이름을 계산대에서 슬그머니 흘렸습니다
노란 별의 웃음들이 자꾸자꾸 번져서 내 방은 은하수가 되었습니다

산미구엘과 은하수는 서로 닮았습니다

은하수를 잘못 삼켜 기침을 하는 동안
나는 점점 더 내가 되어갑니다

여름밤이 무럭무럭 자랍니다
손가락이 자랍니다

이제 긴 손가락으로 밤하늘의 뚜껑을 열 수 있습니다
잠자러 간 새들이 눈을 뜹니다

그동안 어디에 구겨져 있었을까요?
오늘 저녁 이렇게 우거진 나는

---

*산미구엘: 필리핀 맥주.

리스본행 야간열차와 김밥

아이는 거실에서 리스본행 야간열차를 본다
나는 부엌에서 김밥을 말고

모든 것은 실제보다 묘사할 때 더 빛난다

깻잎을 말아 만든 김밥은 한결 먹음직스럽다
묘사된 초가을을 한 잎씩 베어 물며 나는 리스본행 열차에 올라 탄다

스크린 앞에 서면 나는 낡아버린 쪼끄만 여자,
떠나간 것은 늘 아름답게 부풀어서 목이 메이고
상념을 곁들여 싼 김밥은 속이 많아 목에 걸린다

기억은 김밥처럼
서로 다른 고명을 말아 하나로 묶여 있다
질문도 대답도 없이 나는 그것을 묵묵히 씹어 삼킨다

리스본행 열차에 올라타도 다시 돌아갈 곳이 없는 여자,

딸아이와

김밥을 먹으며 영화를 보고 있다

정년퇴직

삶은 감자를 먹는다

벽엔 고장 난 시계와 녹슨 못 두어 개

못을 바라보며 감자를 삼킨다

뒷산에 뻐꾸기 운다

목구멍이 막힌 것처럼 두 번 쉬었다가

다시 운다

박보성

왼쪽과 오른쪽
오리
민어
득도에 들다
중도

전남 신안 출생. 해군사관학교 졸업, 연세대학교 대학원 졸업.
현재 국방과학연구소 재직 중.

박보성

왼쪽과 오른쪽 외 4편

큰엄마가 아기를 품고 있는 모습을 오랫동안 보았다

큰엄마 왼쪽 가슴에 아기 머리가 있었고
엄마의 겨드랑이에 아기의 오른손이 들어가 있었다
어느 때는 큰엄마 가슴에 눌려
오른손이 갑갑한 상태이기도 했다

그때부터 삼택이는 오른손보다 왼손을 더 자유롭게 사용했다
오른손잡이보다 왼손잡이가 더 영리하다는 말이
틀린 말은 아닌 듯
삼택이는 유명한 검사가 된 것이다
그럼에도 무슨 연유인지……
시간이 지나면서 삼택이는 오른손잡이가 되어 있었다

막노동하는 김 씨는 늘 벽면을 왼쪽에 두고 걸어 다닌다
아마도 심장을 위험으로부터 보호하려는가 보다
경찰이 김 씨에게 보행자는 우측통행입니다, 라고 말을 해도
못 들은 척 그냥 그대로 간다

애완동물도 사람과 같이 살고 있으니
우측통행을 해야 하는지 알아보아야겠다

오리

옆집 고모는 키우던 오리를 잡아 잡숫는다
피 흘리며 마당에서 헤매던 오리를
처마 밑에 한나절 거꾸로 매달아
빈혈에 최고라며 오리 피를 활명수와 함께 눈 찔끔 감고 다 마신다

요 녀석의 알이 우리 집 닭의 알보다 커서
힘센 대장이 되겠다는 희망으로 자주 훔쳐 먹었었는데
동무 되어 정들었는데

오리와 함께 소리치며 달리기를 한 어느 날
무심코 장난삼아 던진 돌팔매질에 그 눈에서 피가 하염없이 흐른다
장난이었는데,
원망의 눈초리로 중얼거렸다 뒤뚱거렸다
무서워 도망가서 숨었다

엄마는 저녁 밥상에 올라온 오리탕을 나보고 자꾸 먹으라 했다

나는 눈이 아프다
난 안 먹어 못 먹어

고모가 가져다준 것이란다

민어

    인간이 좋아하는 배설물도 있을까? 장마에 떠내려온 쓰레기가 큰 산을 이룬다 바닷길 향하는 강물을 막기도 한다 악취를 풍긴다

    가스로 가득 찬 몸은 죽을 수밖에 없다 배설해야만 한다 숨 막히는 세월의 옆구리를 뚫고 나팔을 불고 싶다 때로는 나팔 소리보다 큰 대공 마이크로 세상에 참견도 하고 싶다 코로나 팬데믹의 마스크도 벗어던지고 손으로 이곳저곳을 만져 더럽혀 보고 마음이 머무는 곳에 거리낌 없이 기침도 하면서

    옆집 어르신은 요즘 민어를 좋아하신다 아가미에 붙은 살을 잘도 뽑아내어 잡수신다 그 아버지의 아들이라도 되는 듯 나 또한 세상의 삶을 발골(拔骨)한다 바로 이런 맛이구나

    썰물에 드러난 모래사장 같은 세상으로 나간다 양손에 갈퀴를 들고 바다를 잡기 위해, 배고플 때도 아플 때도 즐거울 때도 뚜껑 없는 병을 물속에 처박는다

득도에 들다

거품과 함께 늘 길을

걷는다 냇가도 건너고 구름을 만들어 하늘도 날아다닌다

내 나이에 이젠 모든 거품이 어울린다

비누 거품 없이도

몸을

잘 씻는다

증도*

몽롱한 연기 속에서
섬 떠난 손주들 그리며 '환희' 담배를 팔았던 면 소재지
담배 가게 할머니
신상품 담배 이름을 기억하려고 하지만
동네 젊은이의 자전거에 치인 무릎 통증 따라 절뚝, 절뚝거리기만 한다

짐을 가볍게 한 후 떠나려나
초분(草墳)의 시간 속에 이생의 흔적을 지우려나

모래사장 옆 해안가 돌 틈의 해당화가 나를 환하게 반긴다

---

*전라남도 신안군의 섬.

손미영

토시를 낀 남자
살구
미완성 수틀에 남은 수국
면접시험장에서
병원에서

경남 삼천포 출생. 2004년 월간 《시사문단》 등단.

토시를 낀 남자 외 4편

그는 다 쓴 마스크 줄에 가위질을 하고 있다
끊어낸 줄을 두 번씩 홀쳐 매어
새로 산 토시 가장자리에 가위 끝을 겨누더니 구멍을 내고
둥글게 만든 고무줄을 옭아매어 놓는다
엄지손가락에 고정을 시켜야
어설픈 손놀림을 뱅뱅 돌아 말리기라도 하면

보조자리 단단히 매어 두려는 것이다

생의 이등분 시기 건설 일용직 노동자
삐걱거리는 무릎 안쪽 진한 파스 냄새
인공눈물 투입은 바람이 채어가고
더 뻑뻑해지는 눈동자에 핏발이 붉다

해가 짧은 상주의 겨울 이화정모텔 302호
얼었던 볼이 술에 익어 더 붉게 일렁이고
샤워부스에는 땀 먼지에 닳아져 가는 젖은 옷
토시 낀 남자를 대신하는 눈물 소리 뚝뚝

술이 재운 남자의 입술에서
새어 나오는 불분명한 소리 하나

살구

뉘 집 소란에 끼어들었던가

허리 굽은 엄마가
두 팔을 뒤로 힘껏 젖히고
바람을 가를 듯 길을 오르고 있다

미완성 수틀에 남은 수국

연두 분홍 남색으로 짙어지더니
지금은 짙은 보라색 그득 흔들리고 있는
그곳에 네가 있다

열다섯 가사 실습 시간
와락 달려들어 바지런하던 바늘 끝 금세 식어지고

미완성 수틀에 남은 수국
아직까지 또렷한 것을 보면
가슴에 남은 수국은
또 얼마를 보내야 하얗게 지워질는지

면접시험장에서

무표정한 얼굴
하얗게 받쳐 입은 검은 정장
하늘거리는 블라우스
간격 넓은 빗금무늬의 같은 넥타이들
말쑥한 신발 그로 인한 어색한 걸음걸이
대기실의 부모 친구 지인의 동행

멈추어선 자동차의 공회전 주차장

읍사무소 신입의 표정은
여기서부터 시작되었는가

1:3 면접
명확한 질문에 버벅대 놓고도
아이컨텍은 잘하였단다
또렷한 대답 하나
'숙지 하겠습니다' 여·러·번
돌아나오며

'감사합니다' 네 번
애썼다 수고했다
말랑말랑한 너를 선택하길 바라보는데

병원에서

　누군가의 힘들어 죽고 싶다는 말을 들을 때마다 생각이 나고, 너를 어제 본 듯 환하다

　잠깐 의식이 돌아오면 지금 이러고 있을 때가 아니라며 금방이라도 침상을 박차며 엉덩이를 씰룩거리며 달려갈 듯하였고, 초침 소리 희미해져 갈수록 허공을 향해 아직은 아니라고 울먹이며 간절하던 너의 눈빛, 그때 이후 지금껏 농으로도 꺼내놓지 못하는 삶을 향한 가벼운 말투, 네가 무척 그리운 어떤 날 병원 칸막이 커튼 사이로 짬을 이용한 간호사들의 도란도란 휴대전화 기기 설정 편을 듣고 있다

윤덕점

둥지 1
내 이름은 윤덕점
삼천포
올챙이국수
벚꽃 지는 날

2003년 《시의나라》 등단. 시집 『마로비벤을 꿈꾸다』 『그녀의 배꼽 아래 물푸레나무가 산다』가 있다. 경남시학 작가상 수상.

둥지 1 외 4편

보름달이 뜰 때 둥지는 빛납니다

잠든 아이 안고 먼 여행에서 돌아와 날개를 접습니다
빵빵하게 부풀렸던 몸이 숨을 내립니다
목 뒤를 두드리며 기지개 켭니다
가방을 열어 준비해 온, '우리 집 버팀목 어머니'라고 쓰인 용돈 봉투
에브리타임 홍삼, 롯데헬스 영양제를 부립니다
아무도 주지 말고 혼자 다 먹으라며
밥상을 차려두고 잠을 쫓던 어미 귓가에 속삭입니다
허리띠 풀고 셔츠 단추도 풀고 손을 씻습니다
새처럼 조잘거리며 원하던 시간을 안습니다
한 마리씩 골고루 먹이 넣어주던 TV 속 어미 새처럼
김치를 찢어 얹고 생선 살 발라주는 주름진 손
더 필요 없고 딱 이 시간만큼
거칠었던 일상도 둥지 안에서 다 녹습니다
눈빛을 맞추며 아이는 아이끼리, 어른은 어른대로
시간 누리며 등을 둥글립니다

격조했던 시간 주무르며 서로 때를 묻힙니다
달큰한 시간이 하품을 합니다
소파에 앉은 채로 금세 잠이 듭니다
큼지막한 손 하나가 다가와 양말을 벗기고 늘어진 손 모아
배 위로 얹어줍니다
창으로 스민 달이 차렵이불을 덮어줍니다

내 이름은 윤덕점

오른쪽 팔에 있는 나만의 로고
타원형 검은 점
어릴 땐 부끄러워 숨기기에 바빴다
내 이름은 윤덕점이다
이젠 점을 드러내도 부끄럽지 않은 나이
점이 있는 팔을 맘대로 휘두르며
배영, 평영, 접영을 한다
접영 할 때 호랑 범나비 검은 문양처럼
더 자신만만
그래도 물 밖에선 아직도 어깨 움츠리며 쭈뼛,
어느 날 마사지 가게 후배에게 민소매는 지금도 못 입는다
털어놓았더니
살아 있을 때 입고 싶은 대로 다 입어라
사람들은 자신의 표식을 갖고 싶어 문신도 한다
암, 나의 점은 자연산인데 인위적인 문신과는 결이 다르지
내 점에는 대단한 무엇이 들었을 것 같아
아무 데나 내놓고 다니면 복이 달아날 듯

푸른색 민소매 티셔츠를 사놓고
밤늦도록 혼자,
펼쳤다, 접었다, 펼쳤다

삼천포

시도 때도 없이 파닥파닥 바람이 분다 수평선에 낮게 떠 있는 배들도 한 호흡으로 뱃고동을 울린다

언덕배기 낮은 시멘트벽 머리 맞댄 집들 몇 마리씩 생선을 내걸었다 옷 대신 먹거리가 먼저 바람을 맞아 출렁인다 사람들 낯빛도 생선 속살처럼 뽀얗게 기름지다

삼천포에서 살려면 뱃속에서 올라오는 울림 깊은 소리가 필요하다 목구멍에서 나는 모기만 한 소리로는 바닷바람을 이길 수 없다 아랫배에 힘을 빵빵하게 넣고 흥정도 하고, 잡담도 귀청 떨어지게 한다 바다에 기대 사는 사람들은 흥정이 시원해서 손도 크고 덤도 훌렁훌렁 잘 준다

너도나도 왁자지껄한 아침 뱃머리
뱃구레에 바닷바람을 빵빵하게 넣은 삼천포 사람들
종아리에 도드라지는 굵은 힘줄 목이 긴 노랑 장화를 신고 어시장 골목을 누빈다
생선 광주리를 질질 끌며 시장 골목을 달린다 삼천포 어시장에선

더러 부딪혀도 시비 걸지 않는다

  삼천포에는 파닥거리는 것들 천지다
  아침 해도 바다를 박차고 시원하게 솟아오른다

올챙이국수

정선 아리랑시장에 올챙이가 바글바글 산다
하고많은 논바닥 다 놔두고
올챙이가 모인 것은
그리워서다
달 밝은 밤 무논에 얼굴 비춰보며 훌쩍이던 것도 그런 까닭이다
어미 목소리 가까이서 듣고 싶어서다
목 늘어진 헐렁한 티셔츠 속에
알 다 빨린 젖통 출렁이는 걸 곁에서 보고 싶어서다

식구끼리는 한데 모여 살아야 한다
죽이 되든 밥이 되든 한솥에서 지지고 볶아야 정이 든다

매운 양념간장 끼얹어도
깔깔 꼴꼴 웃으며 더운 김 품고 하루를 넘기면 그게
최고인 거다
그렇게 살다가 누구의 뱃구레로 떠난다 해도
함께 비비대던 추억이 남기에
거기까지 온 것이다

정선 아리랑시장에 엄마 그리운 올챙이가 바글바글 모인다

벚꽃 지는 날

아무리 좋은 빗자루가 있어도 저 도로를
다 쓸 수는 없겠다

현장 학습 가는 한 무리의 아이들
매끈한 종아리도 벚꽃 물이 들었다
햇살처럼 재잘대는 봄날의 시간
한 아이는
이마에 꽃잎을 얹고 웃는다
꽃잎 같은 치아로 하얀 생선 살을 꼭꼭 씹었을까

하늘거리며
가고
또 오는
저 꽃잎들

윤향숙

열두물 갯벌에서
쌀 나방
풋 맛
거품 같은 것
타작

경남 삼천포 출생. 시집 『비 갠 아침』이 있다.

윤향숙

열두물 갯벌에서 외 4편

　하동 노량 섬 바위 너설이 친정집 맷돌처럼 얼굴 디밀던 날 베트남 어린 어미가 펄 깊숙이 골 기침 뱉으며 더듬거리다 건져 올린 거친 뿔 고등 누른빛은 엄니 굽어진 손가락처럼 진물 나 있어 삶아도 맛이 아리다며 빈대야 그늘 속으로 던져두고 엄지와 집게손가락을 꼬집어 바다로 뛰쳐나간 성급한 산파래를 걸어 올린다 손톱 가득 갯벌을 긁어 담고 바짝 휜 등 너머 도통 알아듣지 못하는 아리랑 노랫가락이 대야를 가득 채우던 해거름 젖은 뭍에서 밤별처럼 피어나던 참물이며 어린 어미의 손 등에서 시린 햇살처럼 안개꽃 만발하던 그 겨울 바다의 푸른 것은 그리움이고 노른 것은 지난 이야기처럼 아린 것이다

쌀 나방

쌀 나방을 보았다
날개를 접어 쌀독에 붙어 있더니
손 그림자에 화들짝 놀라
휑하니 날아가 버린다
나비가 그랬다
미끄덩거리는 날개의 가벼움은
배고픔 같아서
호박꽃에 닿을락 말락
갈퀴손으로 훅하고 움켜지면
노르께한 색은 금방 표시를 냈다
그럴 때마다 할매는
바지게 작대기를 들고
나를 쫓고 나는 나비를 쫓아가다
해거름 굴뚝 연기처럼
밥 짓는 냄새 뭉근하게 피어오르면
뱃속이 든든해지는
쌀 나방은 검은 쌀알 같았다

풋 맛

허름한 국숫집에 들어섰다
밀 익는 냄새
아버지 49재 날 향로에 꽂는 향처럼
국수 다발이 냄비 속으로 들어간다
어지럽던 마음 냄비 속에 잠기며
국수가 다 삶아지기까지
꼰 다리를 풀어
빈 상에 젓가락을 가지런하게 올렸다
생된장 풋고추 두어 개
국수 그릇이 들어왔다
향을 새롭게 피우듯
젓가락을 집어 배를 채웠다
풋 맛이 맵다

거품 같은 것

상갓집에 다녀온 뒷날
친구 병성이가 멧돼지 앞다리와 생 내장을 들고 왔다

핏물이 배어 나온 고깃덩어리를 떼어
흐르는 물에 서너 번 헹군 다음
묵은 된장과 죽음을 애도하는 소주 한 병을 부어
불을 지폈다
끓어오르던 솥에서 잡생각이 쏟아져 나왔다
솥 가까이 국자를 들어 핏물이 거품 되어 흐르는 것을 건져냈다

거품 같은 것

쇠젓가락 끝을 잡고
살 깊은 쪽을 푹 찔러 보았다
투명하게 변한 껍데기 속을 들어갔다 나오는
쇠젓가락이 뜨겁다

타작

가스 불 위에 보리차 주전자가 떠들어대는 소리

들판이 타고 있다

이미화

춤추는 망고
사과의 힘
말고기 샤브샤브
강물 의자
편의점 의자

2010년 《경남신문》 신춘문예 등단. 시집 『치통의 아침』 『그림자를 옮기는 시간』이 있다.

이미화

춤추는 망고 외 4편

수목돌풍*이 몰려옵니다 욕망과 본능만 챙기십시오
현수막이 나부낍니다

마감 시간으로 갈수록 여기저기서 원 플러스 원, 원 플러스 원,
풍선이 부풀어 오릅니다 최선을 다해 부풀어 오릅니다
음악은 중독성 있게

춤을 추게 합니다
스스로 카트를 끌고 스스로 미로를 헤치고 셀프계산대 앞에 선
사람들 스스로 신용카드를 긁습니다
빈 박스가 가득 채워질 때까지

망고는 무궁무진, 지갑 속에 카드는 또 있으니까요

진열장 상품도 금방 채워집니다
풍선의 수도 자꾸 늘어납니다

누구 하나 걱정이 없습니다

누구 하나 말리는 이 없습니다

마트 안은 춤추는 망고들만 가득할 뿐입니다

＊xx마트에서 수요일, 목요일마다 펼치는 판매 전략.

사과의 힘

사과를 쪼갠다
온몸의 힘이 열 손가락에 모인다

손가락과 사과의
일대일
의 안간힘

팽팽하다, 한 주먹밖에 안 되는 사과의 어디에서 저 맞서는 힘이 나오는 걸까?

그래 내가 잘못했어!
악수를 청할 때 얼굴이 붉어지는 당신은
사과의 유전자를 가진 사람이다

미안한 이야기를 미안하지 않게 해주는 사람들을 위해
홍옥의 안쪽은 더욱 달콤하게 설계되어 있다

한 봉지 만 원, 한 봉지 만 원

트럭 스피커에서 울려 퍼지는 소리를 듣고 있으면
소리의 중독성과 사과의 중독성에 대해 생각하게 된다

크기가 일정한
사과
한 상자를 담는 것을 우리는 포장이라 한다

말고기 샤브샤브

테를지에서 말을 탄다
첫 경험

너른 초원에 기가 눌린 나의 첫 몽골

어제저녁엔 단체로 말고기를 먹었다
말젖도 얻어 마셨다
초원의 미슐랭은 말고기인 줄 다 알고 왔으니까

오늘은 여행 삼 일째
말을 타야 하는 패키지 일정이 잡혀 있는 날

시커먼 하늘 아래 살점 몇 점 떠간다
말고기 샤브샤브,

초원의 바람은 이 꽃에서 저 꽃으로 향기를 나르는데
어쩌자고 난
말고기를 먹고 말을 타려고 할까

수도승처럼 걸어가는 말 뒤통수만 빤히 본다

돌아보는 몽골 타흐* 눈동자와 딱 마주친다

정말, 너를 타도 괜찮겠니?

---
*몽골 야생말.

강물 의자
—유등

강물이 깔아놓은 의자에 앉아
등을 켜는 저녁

슬픔은 슬픔대로 기쁨은 기쁨대로

순서대로 앉아 있다

사거리 신호를 무시하고 달린 배달통 쇳소리
퉁퉁 부은 보험설계사 발목
다양한 상처가 앉기에
알맞은
저 붉은 의자 부족함이 없다

앉으면
세상의 어떤 의자보다 편안하고 안락해진다

이유야 댈 필요 없고
달빛 아래

간절한 마음

저기 강물이 내어준 의자에 욕심도 미련도 후회도 다 앉아 있다

내가 앉을 자리도 저기 어디쯤이란다

편의점 의자

앉으면 누구든 꿈꾸기 좋은 곳입니다

외줄로 앉아 창밖을 보고 있습니다

잘 닦아 반질반질한 창문과는 죽이 잘 맞습니다

자잘한 껌부터 달달한 과자까지—

점심때마다 라면을 먹던 취준생은
다 알 만한 회사에 이력서를 넣고 있습니다

우리 동네 편의점 출입문은
꿈에 들락거리기 좋은 양방향입니다

혼자서 꾸는 꿈은 곁에 앉은 사람을 잘 몰라도 상관없습니다

환하게 불 켜진 편의점 의자가 만석입니다

이수니

손바닥에 사는 예수
다뉴브 강가의 신발들
내 나무, 장하다
악력
엎드린 사람들

2014년 《농민문학》 등단. 시집 『자고 가』, 수필집 『어머니, 당신은 누구신지요』가 있다.

이수니

손바닥에 사는 예수 외 4편

오늘도 밭고랑에 앉은 할머니
칠십 평생
손바닥에 못을 박아 왔다

가슴에 박힌 대못 하나
들키지 않으려
밭고랑에 돌아앉아
굽은 등으로 조금씩 밀어 넣었다

허물어질 때까지
밭고랑 잡초가 다 뽑혀 삭혀질 때까지

잊는다는 것은 한 가지 생각을 하고 또 하는 것

못이 박힌 할머니
손바닥엔
예수가 살고 있다

다뉴브 강가의 신발들*

몸을 잃은 신발들이
꺼억꺼억 울다가
굳어버린 채 강가에 놓여 있다

누군가 작은 아이 신발 속에 꽃을 꽂아
'아가야, 우지 마라'
바람에 흔들리는 촛불도
강을 무덤 삼은 신발들을 다독이고 있다

몸 잃은 신발들이 이 지구상에 얼마나 나뒹굴고 있을까
아슬아슬 견디고 있는 몸들은 또 얼마나 될까

첨벙, 뛰어든 몸은
시린 이를 떨며 새파랗게 강을 걷고 있다
꽃잎에 가린 슬픔이
맨발로 걷는 강가, 울음은 끝나지 않을 모양이다

---

*2차 세계대전 당시 나치가 헝가리 다뉴브 강가에서 유대인들에게 신발을 벗게 한 뒤 총살했다. 이들을 추모하기 위해 2005년 60켤레의 신발 조형물을 만들었다.

내 나무, 장하다

가지가 부러져
들어 올리지 못하는 팔처럼
덜렁 내려앉았다

악수를 청할 수도
눈물을 닦을 수도 없다

팔 하나 떨어지면
너와 나는 아득한 거리

통증이 온몸을 눌러도 부러진 채 매달려
축 늘어져 있다

그냥 잘라버려?
하다가
상처를 봉합하고 붕대를 감아줬다

떡잎 두 장으로 내게 와서 반려식물이 된 그는

한동안 고개를 숙이고 있었다

내 어릴 때 죽을 뻔한 것을 겨우 살렸다는
어머니의 젖은 말씀이 떠올라
들여다보고, 들여다봤다

그가 용케 숨길을 뚫고 있다
팔이 자라고 있다

내 손 내밀어 네 손을 잡으면
방죽 무너지듯 쏟아지는 햇살

'그려, 내 새끼 장하다'

악력

체념처럼 다소곳이 있는 그것들을
몇 알씩 다지기 속에 집어넣고
손아귀 힘으로 짓뭉갠다

악력이 셀수록 짙어지는 알싸한 향에
주책없이 쏟아지는 눈물

벗어나려 할수록 움켜쥐고
잡힌 순간 빠져드는 늪 같은 악력에

한평생 꼼짝없이 붙잡혀
사투를 벌였던 그녀는
톡 쏘는 마늘 향처럼
매운맛으로
내 주머니 깊은 곳에 웅크리고 있다

뭉개지고 뭉개져
형체 없이

스스로 제물이 되어버린

그녀 덕분에
나는 통통하게 살이 오르고

곱게 빻은 가루가 될까요
향기로 드리는 번제물이 될까요

스스럼없는 이 고백이

내 귓가에 맴도는 자장가처럼
자근자근
사랑이란 이름으로 살아나고

엎드린 사람들

하얗게 매달려 있다 떨어진 꽃잎들이 발아래 엎드려 있다 자기만의 경전을 가진 총총한 꽃잎들, 무릎 꿇고 엎드린 등에 모스크 둥근 지붕이 얹혀 있다

더듬더듬 고독과 위안을 끊어질 듯 이어가는 엎드린 사람들, 그들의 무릎은 헐거워진 문짝처럼 비거덕거린다 모서리 닳아 너덜해진 삶에 긍휼이 있다면 무릎 꿇고 경전 삼켰다는 증거겠다

하얀 등에 내려앉은 묵언은 찬란하고 간절하다 수없이 찧은 이마처럼 시커멓게 타들어 가는 속마음, 들키지 말자 들키지 말자 햇빛이 등을 밟고 지나갈지라도 꽃잎은 그저 한 닢의 꽃잎이다 눈 감은 채 애써 은밀한 긴장 다독이는 하얀 목련 떨어진 꽃잎들

이현숙

오리와 나
객석
양파
물속을 걷는 사람
들깨 향

2021년 개천문학상 장원 수상. 2024년 《경남작가》 등단.

이현숙

오리와 나 외 4편

잠을 깬 오리가 연못 위를 둥둥 떠다닌다

사람들은 원을 그리며 연못 주위를 돌고
서로를 스쳐도 안녕이라고 말하지 않는다
한 번도 헤어진 적 없는 사람처럼

마지막 사람이 떠날 때까지 원은 끝나지 않는다

오리는 물속에서 얼마나 오랫동안 숨을 참을 수 있을까

알 수 없는 그 무엇을 물방울이라고 말하면,
나는 오리가 떠오르지 않는 수면을 보며 무서운 몇 초를 견딘다

잠수할 때마다 떠오르는 위치가 바뀌는 오리
점점 연못 가운데로 밀려간다

꽥꽥거리는 오리의 부리가 노랗다

물구나무를 선 내가 연못 속으로 걸어 들어간다
연못 밖에서 오리가 물방울을 턴다

우리는 전혀 슬프지 않게 둘로 분열한다

객석

그때, 나는 무료했어

여자의 발아래서 시작되는 실금을 보기 전이라고 말할게

달려가는 여자
영원히 멈출 것 같지 않은 몸의 흔들림
그림자는 버림받지 않기 위해 필사적이었어

여자에게서 집, 유령, 거미를 보았던 걸까

어둠이 슬그머니 길어지자
집유령거미가 무대 위에 거미줄을 쳤지

나는 깜짝 놀랐어
허공에 매달려 대롱거리고 있는 나를 보았거든
거미줄을 이리저리 흔들어 보아도 끊어지지 않아

가끔은 어디가 무대이고 객석인지 헷갈릴 때가 있어
내가 있는 곳이 진짜 무대일까

의자가 뒤집혀 울고 싶은데 구경꾼들은 그저 재밌다고 생각하지

날 먹고 무럭무럭 자라는 어여쁜 거미

오동통한 엉덩이로 거미가 알을 낳아 여자를 꼭 닮은 새끼 거미들이 태어나고 생일 노래가 끝나기도 전에 객석으로 기어가고 있어

어둡고 습한
우리들의 거미 왕국은 영원한 미로지

삐걱,

문이 열리고
여자가 긴 다리로 나를 쫓아오면
나는 아무도 모르게 증발할 거야

처음의 그 자리에서
아무렇지도 않게 입이 찢어지게 하품하는 거지

양파

햇양파를 사러 가요

쓸모 많은 양파 덕분에 풍성해질 우리 집 식탁

까도 까도
보이지 않는 엄마

엄마는 외계인이라는 속설을 믿겠어요
어디서 매운 눈물을 흘리는 걸까요

엄마를 골고루 먹고 나면 지저분한 빈 접시만 남죠
오늘 양파볶음 맛있어
말 한마디면 그만이죠

엄마는 엄마니까

유리컵에 물을 받아
주먹을 꽉 쥔 양파를 올려놓아요

온몸에 피가 돌면
보름이면 다시 살아나는 드라큘라 엄마
엄마의 손등 위에 싹이 터요
하얀 저고리에 초록 옷고름이 잘 어울리는
어여쁜 엄마

물속 송곳니가 싱싱하여
엄마는 오래 살 것입니다

엄마가 시들면 마트에 가서
단단하고 무거운
새엄마를 구입하겠습니다

물속을 걷는 사람

아침에 먹은 물고기 눈알을 끼웠다
곧 장마라는데

나도 모르게
물속에 뛰어들었다
죽지 않고 물속을 걷는다

사람의 키스와는 다른 차갑고 이상한 느낌의 키스를 남기고 사라지는 숱한 물고기들을 만난다 물고기처럼 사랑하고 긴 부리를 맞댄 새처럼 헤어진다

물속의 연인들은 왼쪽 눈알을 교환한다
서로의 존재에 닿고 싶어
꼬리지느러미가 같은 방향으로 휜다

물방울 입자를 따라간 연인들은 저녁이 되어도 돌아오지 않고
물에 불은 컵라면을 먹는다

아가미가 진화한 귀를 만지며
나는 지금 이곳에 없다

한 풍경 속에 뛰어들어 한 풍경이 되어가는 나는

회색 비늘이 돋는 저녁 하늘에 빌린 눈알을 돌려준다
내일은 검은 깃털을 단 새가 나의 연인이 될지도 모르겠다

눈먼 물고기가 몰고 오는 장마다

들깨 향

오른쪽 다리를 절고 있었다

나를 아랑곳하지 않고 천천히 걸어갔다

밭 가에서 한번

뒤돌아보더니

들깨밭으로 들어갔다 뭉툭한 꼬리가

들깻잎에 가려지자 들깨 향이 훅 끼쳐 왔다

절름발이 아재가 키우는 고양이였다

장미주

발자국 깊이 재기
그 여자의 표본은
표절하는 시간
당신의 보라가 나에게 미친 이유
거울을 엎어놓고 거울을 사랑하는 일……

경남 사천 출생. 2013년 《시현실》 등단.

장미주

발자국 깊이 재기 외 4편

몸속에 들었던 장마는 지나간 줄 알았는데 여름 속에 계속 출렁거렸어요

걸음 사이로 먹구름이 뭉개지고

자세히 본 적 없는 발자국을 들여다보는 일이 잦아졌어요

유난히 큰 발이 콤플렉스라는 친구가 함께 걸었기 때문일까요

시력 나쁜 내 눈에도 또렷이 보이는 발자국들

납작납작 걸어가면 풀 이파리들 사이로 언뜻언뜻 노을이 누워 있기도 했어요

느린 발자국과 빠른 발자국의 깊이는 달라

오른발과 왼발의 발자국 깊이도 다르고

발자국으로 너스레를 늘어놓던 친구가 입을 다물었을 때

나는 엄지발가락의 구령 소리에 더 세심하게 집중할 수 있었어요

자, 이제부터 걸음마다 찍혀 모스부호 같은 몸의 신호를 이야기로 번역해 볼까요?

그 여자의 표본은

진화하고 있는 것은 언제나 손이었고
퇴화하고 있는 것은 이미 뒤통수였다

아침이면 꽃을 골라 얼굴에 맞춘 듯 눈부시기도 해서
눈을 감아야 할 때도 있었다

우리가 대면하는 시간은 표본을 배우는 시간
보이지 않게 연결된 언어를 발견해 가는 시간

바다와 꽃이

겹쳐지고 있었다
위태로운 바닷속같이 예민해지기도 했다
그 여자의 반경은 언제나 팔꿈치 몇 번 접었다 펴는 것처럼 짧았
지만

그 여자의 영역에서 부르고 싶은 이름이
꽃만은 아니라서

향기만은 아니라서
수만 겹의 그림자가 에워싸고 있었다

표절하는 시간

신발을 벗고 두 발을 쭉 뻗었어
산그늘 냄새가 살포시 묻어나왔지

늘 비슷한 저녁은 사라지겠지만
빨간 점을 찍어 표식을 해두기로 해

호주머니에서 라이터를 꺼내던 앞집 남자가 오래된 넌센스 퀴즈를 농담으로 던지며 웃었고
  그래도 입술이 빨간 앞집 여자가 활짝 웃었어
  웃음에는 오점이 없었어
  짧은 순간 눈썹만 살짝 비틀거렸을 뿐이지

단절된 마음이 길어졌다 짧아졌다 하품이 나왔지만

앞집 남자는 그리고 앞집 여자는
어느 한순간에 애절한 사연이 만들어지기도 하니까

휴대폰 속에 우편함이 있으니 열차를 탈 필요는 없어

편하게 전기자전거 타고 섬으로 간다고 하더니
왜 언덕으로 갔는지는 아무도 모르고 있어

정수리로 퍼지는 소름 건너
머리가 아프면 안마의자에 깊숙이 파묻혀 잠들면 돼

폭포처럼 쏟아지는 별들이 동굴로 파고든 밤이야

자 이제 앞집 마당으로 당근을 캐러 갈 시간이라구

당신의 보라가 나에게 미친 이유

당신의 블루베리처럼 보라에 빠진 나를 보아요

언제부터냐고 물으면

블루베리처럼 입맞춤한 이후라고 할게요

블루베리로 집을 짓고

집안에서 온종일 뒹굴기도 했다고

넘치는 보랏빛에 매혹되어

자장가를 작곡하고 블루베리 블루베리 노래를 불렀다고

농축된 온도로 진공병 속에 잠들기도 했다고

당신이 없는 동안

당신이 없는 동안에만

당신은 나의 블루베리였다고

거울을 엎어놓고 거울을 사랑하는 일은 그만두기로 했습니다 더 밝고 더 선명해져 가는 내 얼굴을 나노입자로 쪼갠 듯 적나라합니다 나를 자세히 들여다본다는 건 용기가 필요합니다 복잡한 눈빛과 애틋한 연민도 지겨워요 내가 나에게 자꾸만 초면인 듯 낯선 인사를 건넵니다 보조개보다 깊어진 주름과 바뀌어버린 손동작이 당신에게 묻습니다 나에게도 이만큼은 떨어져서 바라보는 예의가 필요한 것은 아닌가?

맨얼굴을 씻는 동안 거울이 멀어졌습니다

늘어진 그림자를 둘둘 말아 안고 집을 나설 차례입니다

정물결

인형 제레미
얼음의 기원
여기 망고 맛있나요?
문진(問診)
광(光)

제5회 고성국제한글 디카시 공모전 대상
제73회 개천예술제 전국 디카시 공모전 대상
전자시집 『꽃보다 꿈』, 디카시집 『정말일까?』가 있다.

인형 제레미* 외 4편

1
달의 얼굴이 한쪽으로 기울고 있어요
복사판 붙여넣기 기술은 그리 어렵지 않아요
심장 속 파랑새 한 마리 꺼내
3D 렌더링 너에게 이식했어요
어떤 가슴일지, 무엇을 쳐다볼 것인지, 물어보기는 하였으나

옆모습 턱선이 날렵한 게 닮아 있는 복제 1호에 대하여

창의력이 펄펄 끓어오르는 디스플레이 정오
두뇌 전선을 보랏빛 그래픽으로 바꿔주면 신나한대요

죽을 만큼 예쁜 거 의미 없다면서 바비 바디를 따라하는 드레스
자락은 왜 질질 끌고 다니려는지
  50대를 30대 미시로
  30대를 10대 소녀로
소름 끼치는 초고속 옵션들이 막 흘러넘치고 있어요

렘수면에서 뛰어내리지 못한 몸은 침대 위에 붕 떠 있어요

2
낯선 아이가 죽는 꿈을 꾼다
아이는 누구나의 자신이고 미숙(未熟)이다
누구나의 다른 한 명이 언제나 더 있다

여자는 방긋 웃는 아이를 낳지 않는다
눈이 부셔 눈을 가리며 아기가 태어나는 기적의 상자를 훔쳐 나온다
남자의 둥근 자루 속 아이는 말라 죽는다

신탁(信託)의 여왕만이 되지 않도록 지난밤 꿈을 가지고 논다

---

*히브리어로 '하느님이 정해준'이라는 뜻.

얼음의 기원
― 파경(破鏡)

감옥으로 들어갑니다

갇혀 있던 몸이 쩍 쩍 소리를 냅니다

금이 가는 것도 모자라
흘러내리는군요
얼어붙은 가면을 벗기지 않아도 되겠습니다

울음은 가르지 않아도
반은 너의 바닥에서
반은 나의 심장에서 서서히 녹아내릴 것입니다

투명하다는 말의 반대말은 검다는 말입니까
수상하게 흐르는 냄새가 납니다 무취입니까

색깔을 말해 무엇합니까
뻔히 들여다보이는 무엇

껍데기가 시린 투영

머리를 풀고 직선으로 뛰어내리는
깨져버린 결정체
속눈썹이 사라졌습니다

뒷모습은

식은 피를 흘립니다

여기 망고 맛있나요?

보드란 새순 같은
열아홉에 시집와 아버지 같은 남자
팔짱을 끼고 마트에서 장을 보는

쌀국수를 먹을 때 빨간 플라스틱 의자
한국어로 꿈꾸는 아침의 된장찌개는
짜다

결혼 조건은 한 달에 20만 원 친정 보내주기
약속은 6개월 만에 종결
앙코르와트, 메콩강, 몽구스가 외면하는 바게트를
사랑해

비루한 계절은 어디로 왔니?

새까만 머리 질끈 동여매고 식당에서 그릇그릇 설거지
자기 발보다 큰 슬리퍼 끌고 갈빗집 반찬 서빙 하는
애 하나 둘러업고 딸기 포장하러 셔틀버스 기다리는
점포 정리 옷가게서 츄리닝 한 벌 둘둘 말아 넣어주는

검정 비닐봉지와 친한

밤마다 몰래 눈물 똑똑 떨구니
꽃을 키우지 말아

천장의 도마뱀 꼬리가 유난히 가늘다
창문의 유리는 금 간 벽이 가져갔다

언젠가 캄보디아 여행지에서
귀걸이 귓불 늘어지게 멋을 부린
여자에게 물었던 말

여기 망고 맛있나요?

시큼, 이 드러내며 망고를 선네던
까무잡잡한 여자 팔뚝이
한국으로 시집온 여자 것보다
건강한 정물로 보였다

문진(問診)

A에게 물었다
A는 나다

A는 A를 고민하지 않고 선택한다

A는 A뿐인가
A는 A가 끝이 아닌 것이다

A는 A 그대로인가

나는 죽기 위해 태어난 사람?

나를 따라 죽을 수도 있는 사람은?

세상의 소주와 엉성한 수술대와 다량의 수면제는 죽여주기 위해 태어난 것들?

죽기 위해 아직 소주병 뚜껑을 이빨로 따지 않았다

입가심하기로 소주가 제격이다

A는 다시
1과 2

선과 악은 종교의 문턱 가까이
흑과 백은 기원으로 가야 한다

살기 위해 A에게서 벗어났다

행방까진 묻지 않아 내장까지 시원했다

광(光)

고깃덩어리가 있다
전자레인지 안으로 넣는다
반입된 실체는 처음으로 공기를 만난다
흡수하려는 감마선이 발열하며 표면을 감싼다
빙그르 돌며 물 분자 덩어리는 촉수를 털어 회전한다

익기 전
동그마니 덩어리,
용기(容器)의 쇠는 빛의 등을
완강히 밀쳐낸다는 속설이 있다
나는 의욕 있는 정도까지의 사람이고 싶다

불이 없어도
태우는 마이크로웨이브
화(火)가 난 골초에게 담배 연기가
따라온다 움직이듯 변모하지 않는 오후가
흐른다 불에 타 없어진 시계를 기다리고 있다

조평자

웃지 않을 권리
맨드라미
물고기체(體) 목도장
이정수가 죽었다
헬로윈

경남 삼천포 출생. 2019년 《시에》 등단.

조평자

웃지 않을 권리 외 4편

비가 내렸다

비는 뚜벅뚜벅 그곳으로 걸어갔다
이태원역 1번 출구,
벽을 향해 울기도 하는 까닭 모를 마음을 연신 내보내고 있었다

비는 일종의 구토일까
그 많은 판단 중지가 포스트잇 속에서
다음을 기다리고 있었다

오늘 활짝 울게

다음 뒤에 채 피지 못한 그다음이 울기 시작했다
골목은 통과하지 못한 보행의 자세들을 모두 꺼내 놓았다

비를 좋아하지 않는 사람도
다음, 이라는 말에 눈물 흘렸다

오늘

저 비를 다 울겠다는 듯이

맨드라미

미결수 아버지가 실형을 떴다는 소문이 돌던 가을이었다
수업 마치고 맨드라미 편
꽃밭 지나는데

옆 동네 사는 같은 반 그 아이와 눈이 마주쳤다
히죽 비웃으며
김일성 만세
놀려댔다
아니야, 아니야, 하는 순간 주먹이 날아왔다

나자빠진 채로 보았던 하염없이 붉은 꽃밭
활활 불덩이
아니야 아니야
맨드라미만 떠올랐다

김일성 만세!
김일성 만세!

그해 여름 술자리에서 아버지가 무심코 내뱉은…… 김, 일, 성, 만, 세!

물고기체(體) 목도장

멸치 배를 타던 그가 보이지 않는 어느 날

한 서린 교도소에서 적막을 갉는 소리가 들려왔다

억장이 무너지던 하루가 마르고 또 말라

약지(藥指)만 한 나무 끝에 나뭇가루 쌓인다

두고 온 딸자식 눈빛 창살에 밤별로 떠올라

가슴에 새긴 아픈 수인번호 읽는 것만 같은데

인내라는 도장나무 꽃말을 몇 번이나 새겼는지

생가지 마른 상처마다 집으로 돌아가는 길

새겨진 도장에서 붉은 물살을 헤치며

개밥바라기별 뜬 회양목 울타리 제집으로

멸치 떼가 헤엄쳐 나온다

이정수가 죽었다

사람 사는 세상* 사람이 좋아서,

노무현 서거 2주기 때
덕수궁 대한문 앞에서 2박 3일 대통령 얼굴을 그렸다

대형 걸개그림 아래
촛불 모아
추모제 지내던 젊은 만화작가 파랑이,

그 얼굴 그렸다고 사람들이 빨갱이라고 손가락질했다
모두가 한발 물러서서 구경만 했다

빨갱이!

이정수는 몸으로 참았다
몸으로 갚았다 돌이킬 수 없는 병이 들었다
원산지도 없는 악성 댓글 던지고는 서울로 돌아가지 않았다 누나, 나 살 수 있을까?

살려달라 울부짖지도 못하는 목젖 끝에서 자진하는 자세로
아무도 거들떠보지 않는 목숨 하나가 그렇게
외로운 남해 먼 바닷가에서

서러운 촛불 속으로 타들어 갔다

---

*만화작가 이정수는 '사람 사는 세상' '사람이 좋아서' 대통령 얼굴 그리고 나서 들은 빨갱이 소리가 너무 힘들어서 닉네임을 파랑이로 바꾸고 살다가 1년 전 대장암 말기 판정을 받았다. 지인들에게 알리지 않고 홀로 투병하다가 2023년 11월 6일 영면하였다.

헬로윈

내 아이는 어디에서 내 전화를 받을까
영혼이라도 쓰다듬고 싶은 새벽이었다

익숙한 산책길 따라 아무렇지 않게
어제처럼 걸었다

우리 집 앞 가로등처럼
공원 은행나무 그대로 잘 서 있었다
다 익은 은행알 자루에 주워 담았다

단단하게 키운 열매를 떨구고 바라보는 나무
애틋한 눈길을 떼어내듯

끌고 온 자루를 목이 긴 장화로 밟았다
물컹,
발에 밟히는 자루 속

물을 잠그고 장화를 벗었다

주향숙

사과는 사과를
스피카
토마토
패스츄리
<u>요요</u>

경남 진주 출생. 2021년 《경남문학》 등단.

사과는 사과를 외 4편

꿈같은 거 꾸지 말고 당신한테 가지 말고
그냥 살까 하다가도
여자는 아이를 낳고 사과는 사과를 낳고
누는 누를 낳고

아이를 낳는 동안 구름은 흩어졌고 여자는
첨탑 위의 시계처럼 늙어갔네

눈을 감았다 뜨면
사과밭의 사과는 익어가고

전선 위
참새는 떨고

노래를 잊은 기타 줄은 흔들리고
노래는 의자에서 미끄러지고

사과가 익어가는 마을에는

은하수가 내리고

사랑 같은 거 하지 말고 당신한테 가지 말고
그냥 살까 하다가도
나는 나를 낳고

누는 누를 낳고

스피카*

울고 있는 고양이를 보았다 첫
눈처럼
깨끗한 혀의 느낌이 좋았다

천장이 낮은 집에는 별이 들어와 살았다
가끔 쥐가 들어와 살기도 했지만
싱크대 아래 덫을 놓으면 밤새 작은 발이 대롱대롱 눈

꽃 지는 밤에는 자전거를 타고 사막으로 갔다
사막 한가운데 텐트를 치면
전갈과 파도

어느 날 고양이는 꼬리에 확성기를 달고 왔다

귓속말은 늘 그랬다 티가 났다

나쁜 꿈에 시달렸다
여름 숲의 전령이 왔다, 너를 죽이고 싶어

키스가 되지 않았다

주고 싶은 것만 주고 다 주었다 말했다

---

*처녀자리에서 가장 밝은 별.

토마토

기도하는 사람들과 침 흘리는 사람들과
식사하고 노래하고
산책하며
색색의 알약을 삼키며

방울토마토 화분에 물을 줘요 시간을 지키고
간극을 좁히면
토마토는 없는 세계를 선물해 주겠죠
혼자는 싫어요,

기쁨만큼 자란 토마토를
아이의 입속으로 밀어 넣어줄까요 아이는 토마토가 되고 싶죠
수학 잘하는
토마토 의사가 되고 싶죠

사랑한다고 말하고 싶죠 엄마를 이해하고 싶죠
살다 보면
저절로 알게 되는 것들이 있어요 아픈 자궁처럼

한 고통으로 한 고통을 지워요
베개를 끌어안고 웃고 있어요 죽지 않는
알약을 삼키고 있어요

박수를 주세요

패스츄리

그을린 불의 문양이 검은 파도 같다

무슨 이야기를 했을까 너는
잠이 들었을까
우리는 혼자 시간을 보내는 사이

한 겹을 벗기면 또 한 겹이 있는 패스츄리

동네를 천천히 산책하며
어젯밤 이야기를 생각하는 중이야

너의 태도에 대해
물고기자리에 대해

제 사는 동네를 천천히 걷는 건 오래 궁리하기에 좋아

그렇다고 해서 다 괜찮은 건 아냐
괜찮은 척하는 거지

파도의 자세 같은 물방울 무늬 같은
오후 네 시는 브레이크타임이 끝나는 시간

이야기와 이야기와
이야기가 자박자박

돌아가는 중이야 집으로 가는 중이야

요요

구석이 오랜 그의 자리였죠
먼 곳에서 소식이 왔어요 부고가 왔어요
슬퍼해야 할지 잠시 생각해 봐요
그러니까 슬퍼졌어요
우리가 아는 사이였던가요
한 번도 본 적 없는 사람들이 너무 쉽게 죽어요
우리는 모르는 사람 하지만,
너무 쉬워요 이별이
첫 배냇저고리 같은
죽어서 더 조용한
눈이 커다란 인형인 줄 알았어요 담벼락 아래
노란 민들레처럼
한쪽 눈은 감고 다른 쪽 눈은 떴어요
한밤중에 아버지가 사다 주신 인형도 그랬어요, 찡긋
별이 빛나는 푸른 밤에
세상의 모든 슬픔
하품을 해요

최은여

서부도서관 열람실에서의 중얼거림
미러링
밤의 행정구역
음지식물
립스틱 중독자

2022년 《시산맥》 등단. 제17회 최치원신인문학상 수상.

서부도서관 열람실에서의 중얼거림 외 4편

나이 많은 사람들은 지겨워, 중학생들이 표정을 만든다
네까짓 것들이 뭘 알고 떠드니?
오늘 도서관은 이런 분위기이다

책은 번호 순서대로 잘 꽂혀 있다
ㅅ 다음 ㅇ
아버지 다음 할아버지

검색대의 첫 번째 책이 입을 연다
검색대의 마지막 책이 눈을 끔벅인다
나는 너보다 먼저 태어났고 너는 나보다 뒷번호를 가졌다

아무리 둘러보아도 이 방에는 거짓말이 많고 왜곡이 많다
아무리 둘러보아도 이 방에는 장난이 많고 낙서가 많다
사서는 턱이 빠지도록 하품을 하고 있다

기침 소리와 끼이익 의자 소리
열람실의 환풍기

친구들은 벌써 도망갔다 도서관으로부터
귀를 틀어막으며
비명을 지르며

이제 아무도 보지 않는 종이책에서 묵은 살냄새가 난다
나는 내가 맞다고 말한 것이 다 틀렸으면 좋겠다

미러링

누가 방문 입구에 커다란 거울을 걸어놓고 갔다

나는 이제 거울 안에서 웃는 사람
나는 거울이 만든, 털이 북실한 꼬리를 가진 사람 종류
나는 하루 내내 표정을 짓는 거울
나는 의도치 않는 흐름

자꾸 내려가는 입꼬리를 바지춤 올리듯 추켜 세우고 세운다
조커의 입꼬리는 의도를 다 읽혀 버렸고
웃음을 견디지 못해 스스로를 놓치고 말았다
자살이 너무 슬퍼서
나는 조커의 웃음을 샀다 혀를 날름날름 입술에 침을 잔뜩 묻히고

너는 잘 웃는다 거울이 혐의를 씌운다
증거는 잡혔다 거울 속
내 이마에 먼지가 묻었다
내 가슴팍에 손자국이 찍혔다

무거운 거울을 등에 업고 허리가 휘도록 온 시내를 쏘다닌다
표정 하나쯤 달고 다녀야 사람들이 겨우 봐 준다
등에서 미끄러지면 산산조각 날 얼굴을
같이 주워 줄 사람을 아직 만나지 못했다
굴러가는 파편을 끝까지 따라가지 못하고
잘 가, 가볍게 작별 인사를 해버릴지도 모른다

그러니 조심해
너는 잘 웃는 사람, 거울 속에 갇혀 산다

밤의 행정구역

하지만 내 오른손은 누군가의 왼손이 되었다

하천을 따라 느리게 걷고 있었다
그림자 위에 얹어진 그림자 때문에

내가 다른 사람이 되었다

우리가 걷고 있던 오른쪽 둑길이
오른쪽 마을 행정 소속이 아니라고 너는 말했다

비닐하우스에서 일을 마치고 나오는 사람에게
안녕하세요, 인사를 먼저 했다
낮의 그림자와 밤의 그림자가 만나는 순간이었다

풍경은 빨려들어 갔다
우리는 계속 걸었고 걷다 보니 알 수 없게 걸음이 빨라졌다

밤은 아무것도 건드리지 않았다

행정구역을 지워 나갔고 둑길도 지워지고 있어서
뒤를 한 번씩 돌아보았다

음지식물

내가 의심스러워서
식물을 의심한다
알아서 잘 자라고 있는 아이에게 잔소리하듯

어울리는 색깔이 무엇인지도 모르고
처음 달아보는 장식이 무겁고 어색한데

이것 좀 떼고 있으면 안 되나요
우리 꽃 이야기는 많이 썼잖아요

셋이 모여 둘만 대화하는 소외감
혼자서 감지한 햇빛 속으로 가만히 한 팔을 넣는다

겨울이 오면 헤어져야 할 친구에겐
남길 건 남기고 보낼 건 보내는 쉬운 공식을
적용하면 되잖아

답장하지 않아도 좋아요

그래도 메일은 확인해 주세요 수신확인을
매일 확인하는 슬픔을 아세요?

식물이 뻗어나가는 각도를 닮으려
애쓰는 초록 잎의 입장문
이건 낭송이 아니라 낭독입니다

립스틱 중독자

내 얼굴에 입이 백 개쯤 달렸으면 좋겠어
나는 매일 다른 색깔 립스틱을 바르지
룰루랄라 나는 립스틱 노예
갖고 있는 립스틱을 다 바르려면 천 년은 더 살아야 해
촉촉 매트 달콤 섹시
발랐다 지우고 발랐다 지우고
신상이 나올 때마다
입술이 부르트도록 룰루랄라
나는 립스틱 중독자
어린 입술이 아냐
뭘 좀 아는 입술이야
내 입술은 립스틱 좀 발라 본 입술
뭐든지 할 수 있어
오늘, 입술을 백 개쯤 가졌으면 좋겠어

| 초대시 |

유홍준

새들의 눈꺼풀
이과두주
차력사
유골
오므린 것들

1962년 경남 산청 출생. 1998년 《시와반시》 등단. 시집 『喪家에 모인 구두들』 『나는, 웃는다』 『저녁의 슬하』 『너의 이름을 모른다는 건 축복』, 시선집 『북천-까마귀』가 있다.

| 초대시 |

새들의 눈꺼풀 외 4편

새들이 쓰는 말은 얼마 되지 않는다

사랑, 자유, 비상, 행복, 그리움, 뭐 이런 말들이다 그런데 사람들 귀엔 다 같은 말로 들린다

새소리가 아름다운 건 상투적인 말을 쓰기 때문,

탁구공만 한 새의 머리통 속에
독특하고 새로운 단어가 들어 있으면 얼마나 들어 있으랴 새들은 문장을 만들지 않는다 새들은 단어로만 말한다 새들이 문장을 만들면 그 단어는 의미가 죽어버린다

새들이 하늘을 가로질러 날아갈 수 있는 건
가벼운 뼈 때문이 아니다
탁구공처럼 가벼운 머리통을 가졌기 때문,
사람도 새들만큼 가벼운 머리통을 가지면 하늘 날 수 있을지도

모른다

  죽은 새의 눈꺼풀을 본 적이 있다
  참 슬프고 안타깝다는
  생각, 맞아
  정신병원에 입원한 그 사람의 눈매가 그랬다 치매병동에 입원한 그 사람의 눈빛이 그랬다 날마다 빈 대문간에 나와 앉아서 먼 풍경 주워 담는 노인네의 눈빛이 그랬다
  그들이 쓰는 단어는 얼마 되지 않았다 그들은 날아갔다

이과두주

희뿌연 산
언덕에는 흰 눈이 내리고요
얼어죽을까 봐 얼어죽을까 봐
나무들은
서로를 끌어안고요
동치미 국물 동치미 국물을 마시며
슬픈 이과두주 마시는 밤
또 무슨 헛것을 보았는지 저 새카만 개새끼 짖고요
저 하얀 들판에는 검은 새들이 내리고요
짬뽕 국물도 없이
시뻘건
후회도 없이
내리는 눈발 사이로 흘러가는 푸른 달 틈으로
적막하고 나하고 마주 앉아
이과두주 마시는 밤

이 조그만 것에 독한 것을 담아 마시는 밤

이 조그만 것에도 독한 것이 담기는 밤

차력사

돌을 주면
돌을

깼다

쇠를 주면 쇠를 깼다

울면서 깼다 울면서 깼다 소리치면서 깼다

휘발유를 주면 휘발유를
삼켰다

숟가락을 주면 숟가락을 삼켰다

나는 이 세상에 깨러 온 사람, 조일 수 있을 만큼 허리띠를 졸라
맸다

사랑도 깼다

사람도 깼다

돌 많은 강가에 나가 나는
깨고
또 깼다

유골

당신의 집은
무덤과 가깝습니까
요즘은 무슨 약을 먹고 계십니까
무덤에서 무덤으로
산책을 하고 있습니까
저도 웅크리면 무덤, 무덤이 됩니까
무덤 위에 올라가 망(望)을 보았습니까
제사(祭床) 위에 밥을 차려놓고
먹습니까
저는 글을 쓰면 비문(碑文)만 씁니다
저는 글을 읽으면 축문(祝文)만 읽습니다
짐승을 수도 없이 죽인 사람의 눈빛, 그 눈빛으로 읽습니다
무덤 파헤치고
유골 수습하는 사람의 손길은 조심스럽습니다
그는 잘 꿰맞추는 사람이지요
그는 살 없이,
내장 없이, 눈 없이
사람을 완성하는 사람이지요

그는 무덤 속 유골을 끄집어내어 맞추는 사람입니다
저는 그 사람이 맞추어놓은 유골
유골입니다

오므린 것들

배추밭에는 배추가 배춧잎을 오므리고 있다
산비알에는 나뭇잎이 나뭇잎을 오므리고 있다
웅덩이에는 오리가 오리를 오므리고 있다
오므린 것들은 안타깝고 애처로워
나는 나를 오므린다
나는 나를 오므린다
오므릴 수 있다는 것이 좋다
내가 내 가슴을 오므릴 수 있다는 것이 좋다
내가 내 입을 오므릴 수 있다는 것이 좋다
담벼락 밑에는 노인들이 오므라져 있다
담벼락 밑에는 신발들이 오므라져 있다
오므린 것들은 죄를 짓지 않는다
숟가락은 제 몸을 오므려 밥을 뜨고
밥그릇은 제 몸을 오므려 밥을 받는다
오래전 손가락이 오므라져 나는 죄 짓지 않은 적이 있다

해설

진주가 부화하여 날개를 달 때

이대흠(시인·문학박사)

　진주는 보석으로 취급되지만, 실은 진주조개가 자신의 상처를 이해한 결과물이다. 외부에서 들어온 이물질을 어쩌지 못한 진주조개가 상처를 감싸고 감싼 것이 보석이 된 것인데, 주성분은 탄산칼슘이다. 이렇게 진주 이야기를 하는 것은, 진주에서 모인 시인 19명이 공동시집을 낸다는 말을 듣고 진주를 떠올렸는데, 그것은 진주는 아름답고, 진주는 상처에서 시작된 것이고, 보석이고, 달의 눈물로도 불렸다는 사실 때문이다.
　이런 무관한 듯 보이는 것들이 문학적 상상 속에서는 하나의 고리로 연결된다. 문학이란 것, 특히 시라는 것은 고통의 산물일 수도 있고, 환한 태양의 에너지가 아니라, 달 에너지와 관련이 있어서이다. 빛은 세계를 밝음과 그림자로 나누지만, 어둠은 세계를 구분

하지 않는다. 그 안에서 사랑이 싹트고, 시가 익는다. 음양론에서는 밝음을 양이라 하고, 어둠을 음이라 한다. 양인 태양의 세계가 정치와 스포츠라면, 음인 달의 세계가 예술이다. 양이 동물적이라면 음은 식물적이고, 양이 승부를 가르고 으뜸을 추종한다면, 음은 서열이 없는 평등을 지향한다. 양이 공격적이라면 음은 수동적이다. 예술은 그런 음의 세계이며, 우열이 없는 것들을 모두 끌어안는다. 밤이 되면 짐승들도 잠자리에 들고, 사람도 집으로 돌아간다. 밤은 귀의처이고, 그 밤에 식물들은 더 깊은 땅속으로 뿌리를 뻗는다. 양이 몸의 움직임이라면, 음은 바라보는 시선이다. 떨어져 바라보는 것만으로도 얼마나 위안이 될 수 있던가. 시의 눈은 그런 관조의 세계이지만, 거기에는 놓치지 않는 관심과 다정함이 깔려 있다. 시인의 눈에 띈 대상은 시인의 직관에 포섭되지만, 구속되지는 않는다.

1. 응시하는 눈빛

나이 많은 사람들은 지겨워, 중학생들이 표정을 만든다
네까짓 것들이 뭘 알고 떠드니?
오늘 도서관은 이런 분위기이다

책은 번호 순서대로 잘 꽂혀 있다
ㅅ 다음 ㅇ

아버지 다음 할아버지

검색대의 첫 번째 책이 입을 연다
검색대의 마지막 책이 눈을 끔벅인다
나는 너보다 먼저 태어났고 너는 나보다 뒷번호를 가졌다

아무리 둘러보아도 이 방에는 거짓말이 많고 왜곡이 많다
아무리 둘러보아도 이 방에는 장난이 많고 낙서가 많다
사서는 턱이 빠지도록 하품을 하고 있다

기침 소리와 끼이익 의자 소리
열람실의 환풍기

친구들은 벌써 도망갔다 도서관으로부터
귀를 틀어막으며
비명을 지르며

이제 아무도 보지 않는 종이책에서 묵은 살냄새가 난다
나는 내가 맞다고 말한 것이 다 틀렸으면 좋겠다
— 최은여, 「서부도서관 열람실에서의 중얼거림」 전문

도서관은 지식을 축적해 놓은 곳이다. 도서관이 없었다면, 인간

의 문명은 지금처럼 발전하지 못했을 것이다. 활자 언어의 힘이다. 그러나 지금은 어떠한가. 도서관에 가지 않고, 도서관을 들고 다닌다. 어지간한 도서관에 있는 정보보다 핸드폰 속 정보량이 더 많다. 도서관도 늙었다.

  중학생들은 "나이 많은 사람들은 지겨워"하는 표정을 짓고, 그 중학생들을 바라보는 나이 많은 사람들은 "네까짓 것들이 뭘 알고 떠드니?" 하고 있다. 그것이 말이든 표정이든 중학생들과 다른 세대의 갈등이 생긴다. 도서관에는 두 개의 다른 눈빛이 부딪히고 있다. 화자는 어느 입장도 아니다. 다만 "이제 아무도 보지 않는 종이책에서 묵은 살냄새가 난다/나는 내가 맞다고 말한 것이 다 틀렸으면 좋겠다"고 회의한다. 절대적 진리는 부재하고, 진리가 없다는 것만이 진리인 현대이다.

  병실 안의 시간은 링거 병에서 떨어지는 수액 같다 한 방울 두 방울 초침을 세듯 수액 방울을 세어야 시간이 말을 듣는다 몇 가닥의 젖줄로 젖을 먹여 환자를 키우는 의사는 그게 최선이라 생각하는 것 같고 (줄의 개수와 의료 수가의 관계를 계산하는 것 같고) 나는 무너진 **뼈**를 세우기 위해 시간을 통째로 저당 잡힌 줄 알면서도 젖줄에 매달려 있다

  당겨도 뽑히지 않고 밀어내도 가지 않는 시간이
  캄캄하게 둥지 트는 밤들이 있다

창밖 나무에 봄눈이 꽃처럼 달린 날
눈길을 걸어서 들어왔는데
어느새 벚꽃이 피었다 진다

병실 밖의 시간은 보폭 크게, 성큼성큼 옮겨 간다

겨우겨우 링거 줓을 떼고
유아처럼 걸음마부터 다시 시작해야 한다니,

휠체어를 타고 달려야만 바깥 시간을 따라잡을 수 있을까
창밖엔 벌써
봄이
푸른 날개가 돋아, 날아갈 준비를 한다
— 김효숙, 「두 개의 시간」 전문

  도서관에서의 갈등을 전 지구적으로 확대하면, 전쟁이 된다. 인간의 이성은 '전쟁과 기아'를 막지 못했고, 더 똑똑한 사람들이 세계를 망친다. 자각하고 회의하는 인간은, 겨우 인간이 되기 위해 "겨우겨우 링거 줓을 떼고/유아처럼 걸음마부터 다시 시작해야" 할지도 모른다. 병이 깊었지만, 근본적인 치료를 미루고, 고통을 감추는 진통제만 난무하는 무통시대이다. 통증 없는 시대에, 뼈저리게 아

파할 수 있는 자, 아픔을 자각하는 자가 시인일 것이다.

    보드란 새순 같은
    열아홉에 시집와 아버지 같은 남자
    팔짱을 끼고 마트에서 장을 보는

    쌀국수를 먹을 때 빨간 플라스틱 의자
    한국어로 꿈꾸는 아침의 된장찌개는
    짜다

    결혼 조건은 한 달에 20만 원 친정 보내주기
    약속은 6개월 만에 종결
    앙코르와트, 메콩강, 몽구스가 외면하는 바게트를
    사랑해

    비루한 계절은 어디로 왔니?

    새까만 머리 질끈 동여매고 식당에서 그릇그릇 설거지
    자기 발보다 큰 슬리퍼 끌고 갈빗집 반찬 서빙 하는
    애 하나 둘러업고 딸기 포장하러 셔틀버스 기다리는
    점포 정리 옷가게서 츄리닝 한 벌 둘둘 말아 넣어주는
    검정 비닐봉지와 친한

밤마다 몰래 눈물 똑똑 떨구니

꽃을 키우지 말아

천장의 도마뱀 꼬리가 유난히 가늘다

창문의 유리는 금 간 벽이 가져갔다

언젠가 캄보디아 여행지에서

귀걸이 귓불 늘어지게 멋을 부린

여자에게 물었던 말

여기 망고 맛있나요?

시큼, 이 드러내며 망고를 건네던

까무잡잡한 여자 팔뚝이

한국으로 시집온 여자 것보다

건강한 정물로 보였다

　　　　　　　　— 정물결, 「여기 망고 맛있나요?」 전문

　갈등은 개인의 내면에서도 일어나지만, 관계의 뒤틀어짐에서 발생하는 경우가 많다. 망고의 나라, 강남에서 한국으로 시집온 여자가 있다. 열아홉의 나이에 아버지뻘 되는 한국 남자와 결혼한 것인데, 조건은 매달 20만 원씩 친정으로 보내주는 것. 그러나 남편의 약속은 6개월 만에 백지가 된다. 친정에 보탬이 되고자 이국으로 시집왔으나, 입에 짠 된장찌개를 먹으며, "밤마다 몰래 눈물 똑똑 떨구"고 있다. 싱싱하고 풋풋한 망고 같은 열아홉은 사라지고, 부자 나라 한국에서 시들어가는 꽃처럼 생기를 잃어간다. 캄보디아에서 만난 캄보디아 여자와 한국으로 시집온 캄보디아 여자는 대조되는 정물이다. 감정을 차단하기 위해 정물로 본 두 여자의 모습에서 한국 사회 내부의 한 모순이 날카롭게 포착된다.

2. 사건의 발생

비가 내렸다

비는 뚜벅뚜벅 그곳으로 걸어갔다
이태원역 1번 출구,
벽을 향해 울기도 하는 까닭 모를 마음을 연신 내보내고 있었
다

비는 일종의 구토일까
그 많은 판단 중지가 포스트잇 속에서
다음을 기다리고 있었다

오늘 활짝 울게

다음 뒤에 채 피지 못한 그다음이 울기 시작했다
골목은 통과하지 못한 보행의 자세들을 모두 꺼내 놓았다

비를 좋아하지 않는 사람도
다음, 이라는 말에 눈물 흘렸다

오늘
저 비를 다 울겠다는 듯이

— 조평자, 「웃지 않을 권리」 전문

    사회적 비극은 한국으로 시집온 캄보디아 여자에게만 있는 게 아니다. 국가 폭력과 사회적 재앙이 잇따르고 있는 곳이, 지금의 한국이다. 권력욕에 눈이 먼 군인들이 자국민을 집단 살해한 광주 5·18이 있었고, KAL기 폭발 사고가 있었으며, 10년 전에는 세월호 사건, 2년 전에는 이태원 참사가 있었다. 이런 일련의 사건들은 우리의 삶은 언제든 송두리째 사라질 수 있을 만큼 가볍다는 것을 말해준다. 그러나 국민의 안전을 책임져야 할 국가는 사건 규명조차 제대로 하지 못하고, 오히려 진실을 은폐하려 한다. 책임자 처벌도 없고, 피해자나 그 유족들의 가슴속 응어리를 풀어주지도 못했다. 오

히려 진실을 규명하라는 말 앞에 '시체팔이'라는 말을 쓰거나, '지겹다'는 말로 2차 가해를 하기도 한다. 마땅히 우리는 '행복할 권리'가 있지만, 그것은 헌법 조항 속에 화석화된 것 같다. 슬픔을 위로하는 게 슬픔뿐인 세계에서 판단은 중지되었다. 구토 같은 비가 내린다. "비를 좋아하지 않는 사람도/다음, 이라는 말에 눈물 흘렸다" 감추어진 것을 환하게 드러내지 않는 데에는 이유가 있을 것이다. 그러나 개인의 힘으로 그것을 밝힐 수가 없다. 정보를 가진 자들은 '다음!'이라고 말한다. 개인의 한 생이 다 흘러가도록 그 '다음!'의 뚜껑은 열리지 않는다. 원이 맺히고, 한이 쌓이는 이유이다. 매듭에 묶인 진실은 풀어지지 않는다. 그래서 웃지 못한다. 오히려 "웃지 않을 권리"가 있다고, 그것은 누구의 힘으로도 강제하지 못할 것이니까, 그것을 권리라고 말한다.

  인간의 역사는 힘의 논리가 지배했고, 온갖 불한당과 파렴치한들이 권력을 쥔 경우가 많았다. 칼과 총을 쥔 자들이 죄 없는 사람들을 학살한 예는 수도 없이 많고, 지금도 지구에서 벌어지고 있는 일이다. 아프지만 그것이 사실이다.

    몸을 잃은 신발들이
    꺼억꺼억 울다가
    굳어버린 채 강가에 놓여 있다

    누군가 작은 아이 신발 속에 꽃을 꽂아

'아가야, 우지 마라'
바람에 흔들리는 촛불도
강을 무덤 삼은 신발들을 다독이고 있다

몸 잃은 신발들이 이 지구상에 얼마나 나뒹굴고 있을까
아슬아슬 견디고 있는 몸들은 또 얼마나 될까

첨벙, 뛰어든 몸은
시린 이를 떨며 새파랗게 강을 걷고 있다
꽃잎에 가린 슬픔이
맨발로 걷는 강가, 울음은 끝나지 않을 모양이다
　　　　　　　— 이수니, 「다뉴브 강가의 신발들」 전문

　　다뉴브강은 헝가리어로는 두너강이라 불린다. 독일에서는 도나우강이라고 한다. 강의 언어는 하나이지만, 인간의 언어는 달라 불리는 이름이 다양하다. 헝가리 두너강 가에서 나치에 의해 유대인들이 집단 학살을 당했다. 독일군은 강가에 사람들을 세우고, 신을 벗게 한 후 총살하고, 시체는 강에 버렸다. 남자, 여자, 어린아이를 가리지 않았다. 그 아픈 역사를 기리기 위해 2005년 헝가리 작가들이 신발 모형의 조형물들을 만들었다. 사람은 사라지고, 신발만 남았다. "몸을 잃은 신발들이/꺼억꺼억 울다가/굳어버린 채 강가에 놓여 있다" 몸을 잃고, 남은 수분을 눈물로 다 흘려버리면, 바싹 마른 상태가 되지 않겠는가. 썩지 않을 상혼은 그렇게 남겨진다. "몸 잃은 신발들이 이 지구상에 얼마나 나뒹굴고 있을까" 시가 유효한 것은 이렇게 끈질기게 근원적 질문을 할 수 있어서이다. 승자들의 기록만으로 도배된 역사보다, 역사의 그늘에 가려진 상처를 '달의 눈물'로 빚어내는 것, 그것이 시가 아니겠는가.

3. 현실을 하품하기

구석이 오랜 그의 자리였죠
먼 곳에서 소식이 왔어요 부고가 왔어요
슬퍼해야 할지 잠시 생각해 봐요
그러니까 슬퍼졌어요
우리가 아는 사이였던가요
한 번도 본 적 없는 사람들이 너무 쉽게 죽어요
우리는 모르는 사람 하지만,
너무 쉬워요 이별이
첫 배냇저고리 같은
죽어서 더 조용한
눈이 커다란 인형인 줄 알았어요 담벼락 아래
노란 민들레처럼
한쪽 눈은 감고 다른 쪽 눈은 떴어요

한밤중에 아버지가 사다 주신 인형도 그랬어요, 찡긋

별이 빛나는 푸른 밤에

세상의 모든 슬픔

하품을 해요

—주향숙, 「요요」 전문

봉합한 사건은 속으로 곪는다. 따라서 섣부른 봉합보다는 영원한 상처로 남는 게 낫다. 환부가 드러나 있는 상처는 그것을 직시하는 자들이 있는 한 계속된다. 그 사건, 현실을 하품하면 상상이 된다. 부고가 오고, "슬퍼해야 할지 잠시 생각해" 보면, 슬퍼진다. "한 번도 본 적 없는 사람들이 너무 쉽게 죽"는다. 날마다 늘어나는 사망자 숫자도 숫자이지만, 죽음을 숫자에서 구체성 쪽으로 옮기면, 공감이 형성된다. 지금도 세계 곳곳에서는 전쟁이 벌어지고 있고, 우리의 귀에는 들리지 않지만, 포탄이 터지고 있고, 사람이 사람을 겨눈 총구에서 불이 일고 있다. 우크라이나와 러시아, 팔레스타인과 이스라엘 등 지구는 여전히 전쟁 중이다. 지구는 아수라 속이다. 한쪽에서는 살상 무기로 사람을 죽이고, 다른 한쪽에서는 축제를 벌인다. 그야말로 초현실주의 화풍으로 그린 그림 같다.

손님들은 떠나고 없다

풀밭에 던져진 푸른 넥타이

그림자가 길게 끌고 간다

오래 긴장한 목이 덜렁덜렁 끌려간다

도마뱀의 꼬리처럼 잘린 그녀의 과거는
소포 상자에 들어가 지금 배달 중

구름을 뒤집어쓴 미래가 낙하산을 타고 내린다

뿔이 예쁜 신부는 사막이 고향
별무늬 신발 한 켤레 벗어놓고

뿔도
신랑도 모두 노래를 부르러 갔다

― 박미향, 「줄리의 정원」 전문

    샤갈의 그림들이 떠오른다. "뿔이 예쁜 신부는 사막이 고향"이다. 풀밭에서 결혼식을 올린 듯하다. 파티가 끝나고, "손님들은 떠나고 없다". 누군가가 "푸른 넥타이"를 풀어 던졌다. "그림자가" 그 넥타이를 "길게 끌고 간다/오래 긴장한 목이 덜렁덜렁 끌려간다" 오래 긴장한 목은 줄리의 목일 것이다. 과장되게 뒤튼 묘사이지만, 생동감이 있다. "도마뱀의 꼬리처럼 잘린 그녀의 과거는/소포 상자에 들어가 지금 배달 중"이란다. 미래의 어느 날, 어딘가로 배달될 것이다. 미래는 구름을 뒤집어쓰고 "낙하산을 타고 내린다". 줄리는 뿔이 예쁜데, 그 예쁜 뿔은 신랑과 함께 노래를 부르러 갔다. 남은 줄리에게는 '예쁜 뿔'도 없고, 과거도 없다. 다르게 읽을 수도 있다. 뿔을 줄리의 환유로 읽는다면, 뿔이 없는 줄리는 없다. "별무늬 신발 한 켤레 벗어놓"았으니, 후다닥, 펄럭이듯 끌려갔을 것만 같다. 신발은 별무늬로 빛나지만, 별무늬 신발이 남긴 발자국은 어떨까.

몸속에 들었던 장마는 지나간 줄 알았는데 여름 속에 계속 출렁거렸어요

걸음 사이로 먹구름이 뭉개지고

자세히 본 적 없는 발자국을 들여다보는 일이 잦아졌어요

유난히 큰 발이 콤플렉스라는 친구가 함께 걸었기 때문일까요

시력 나쁜 내 눈에도 또렷이 보이는 발자국들

납작납작 걸어가면 풀 이파리들 사이로 언뜻언뜻 노을이 누워 있기도 했어요

느린 발자국과 빠른 발자국의 깊이는 달라

오른발과 왼발의 발자국 깊이도 다르고

발자국으로 너스레를 늘어놓던 친구가 입을 다물었을 때

나는 엄지발가락의 구령 소리에 더 세심하게 집중할 수 있었어요

자, 이제부터 걸음마다 찍혀 모스부호 같은 몸의 신호를 이야기로 번역해 볼까요?
— 장미주, 「발자국 깊이 재기」 전문

    발자국을 들여다보면, 발자국에서도 많은 것이 발견된다. "걸음 사이로 먹구름이 뭉개지고" "납작납작 걸어가면 풀 이파리들 사이로 언뜻언뜻 노을이 누워 있기도" 하다. 발자국 안에 한 우주가 있다. 이러한 발견이 시의 눈이다. "느린 발자국과 빠른 발자국의 깊이는" 다르고 "오른발과 왼발의 발자국 깊이도 다르"다. 이 다름을 보면서, 독자에게 그 다름의 경이를 보여주는 게 시다.

빛 속을 걸어갈 때 그림자가 생기지 않는다면
정말 무서울 거야

눈부신 조명 속에서 입 코 눈 눈썹이 사라진 얼굴 같을 거야
유령처럼 무덤 사이를
걸어 다니는 기분일 거야

어둠에 질식한 빛보다
빛에 잡아먹힌 어둠이 더 슬퍼져

발자국이 증발한 내 뒷모습처럼

캄캄한 관 속에 누워
네 그리움 품을 수 없는 마음처럼

내가 너를 느낄 수 있는 것은
내가 나에게 가장 아름다운 때

내 속에서 새싹처럼 돋아나서
너에게 닿는 순간 같아서

— 김정순, 「그림자」 전문

    발자국을 놀란 눈으로 바라보기도 하고, 발자국이 없는 상황을 상상하기도 한다. 시는 그만큼 자유롭다. 빛 속에 서 있으면, 그림

자가 생기는 게 당연하기에 그림자가 없다면 공포일 것이다. 빛 속에서 그림자가 없다는 건, 사물이 아니라는 얘기가 된다. 허공에 떠 있는 어떤 영혼만이 그림자가 없을 것이다. "발자국이 증발한 내 뒷모습"을 보는 놀란 표정이 떠오른다. 마땅히 있어야 할 것이 사라진 세계이다. 거기에서 '사건'은 발생한다. 우리의 일상을 지배하는 것은 편견과 선입견 등의 고정관념이다.

4. 무명의 바다를 건너가기

라캉에 의하면, 고정관념의 독재 속에서는 인간이 주체적으로 살 수가 없다. 주체성의 조건이란 우리가 주체성이라는 개념에 대해서 알고 있는 모든 것을 포기하는 순간에만 가능하다는 사실을 알고 있다. '주체성'이라는 단어 역시 타자의 언어이며, 그것을 발음하는 순간 등장하는 목소리 또한 타자의 음성이기 때문이다.[1] 주체성을 갖는다는 것은 주체적인 언어를 사용한다는 말과 같다. 주체적인 언어는 기존의 언어 질서를 파괴한 텅 빔 상태에서 시작된다. 여백이 아니라 공백이다. 그 공백에 최초의 언어를 적어나가는 창조 행위를 통해 비로소 주체를 소외에서 벗어나게 한다.

내 아빠는 예수

---

1) 백상현, 『고독의 매뉴얼』 38쪽.

엄마는 세 명

아빠는 알 수 없는 숫자

엄마는 가득했다 아빠는 넘쳐났다

예수는 지루했다
엄마는 즐거웠다

나는 예수의 사랑스러운 모델

눈은 반쯤 감고 팔을 집어넣었다 누군가의 손이 나를 안으로 끌었다

젊은 예수는 내 쇄골을 다듬는 일에 집중했다 젊은 예수는 완만한 곡선을 사랑했다 예수를 위해 내 몸은 웅크린 곡선을 만들었고 다듬어진 쇄골을 자랑스러워했다

예수는 이 모든 상황이 기도 덕분이라고 했다 엄마는 들어본 적 없는 기도문을 계속 써야 한다고 했고
이제는 지루하지 않다고 했다

아빠는 세 명

엄마는 알 수 없는 숫자

예수는 가득했다 엄마는 넘쳐났다

엄마는 지루했다 엄마는 예수를 십자가에 못 박았다 예수의
쇄골은 곡선으로 다듬어졌다
아빠는 쉽게 태어났다

나는 모든 게 지루한 딸이었다
— 강다인, 「나는 예수의 사랑스러운 모델」 전문

 라캉에 따르면, 우리는 고정관념의 틀에 갇혀 있으며, 기존의 지식으로 무장하고 질서가 잡힌 구조 속에 있기 때문에 새로운 사건을 해결할 능력이 없다. 진리는 없다. 기존의 질서는 억압의 요소가 되고, 고정관념에 의해 판단한 모든 것은 진정한 대상도 아니다. 따라서 라캉은 알고 있는 것을 모두 버리고, 공백의 상태를 직면하고, 그것을 횡단하라고 말한다. 이는 불교의 12연기에서 말하는 명색을 버리는 것과 유사하다. 명색은 무명명색이라고도 하는데, 깨치지 못한 사람은 무명, 무명행, 무명식의 단계를 거쳐 우리는 '무명명색'을 갖게 된다. 무명은 선입견이고, 고정관념이며, 편견 덩어리이다. 무명에서 벗어나지 못한 사람은 이 무영명색을 가지고, 대상

을 파악한다. 물론 이러한 판단이 옳을 수는 없다. 그 바탕이 무명에 뿌리를 두고 있기 때문이다. 따라서 12연기를, 고리를 끊어버리고 무명 상태를 벗어나야 한다. 우리가 육처(안이비설신의)로 받아들인 모든 정보가 거짓이다. 그것을 명명백백하게 보고, 괴로움의 공장 시스템인 12연기를 파괴하라! 지금껏 얻은 정보나 지식은 모두 무명에서 비롯된 것이니, 명색으로 받아들인 모든 정보는 거짓이다.

  언어도 마찬가지이다. 우리는 언어를 통해 소통하지만, 인간 언어의 불완전함으로 인해 완전한 의사소통을 할 수가 없다. 우리가 사용하는 언어마저도 타자의 언어이기 때문이다. 주체를 소외에서 벗어나게 하기 위해서는 우리를 소외시킨 언어의 틀을 깨야 한다. 고정관념과 선입견투성이인 명색을 벗고, 처음의 눈으로 세계를 대면해야 한다. 그리고 최초의 언어로 창조 행위를 할 때, 비로소 우리는 주체가 된다. "아빠는 알 수 없는 숫자//엄마는 가득했다 아빠는 넘쳐났다//예수는 지루했다/엄마는 즐거웠다"는 발화는 이런 토대에서 가능했다.

    시작이 아닐 수도 있는 시작이 시작된다
    무대가 아닐 수도 있는 무대 위에서
    배우가 아닐 수도 있는 배우가 연기를 하고

    연기가 아닐 수도 있는 연기를 보다가

아닐 수도 있는 다행 속에 다행으로 빠져든
객석은 기립박수와 브라보를 외친다

아닐 수 있는 시절 아닐 수도 있는 극장에서
아닐 수 있는 것으로 연극은 막을 내리고
오기를 참 잘했다고 당신이 참 좋았다고
— 김수환, 「아닐 수도 있는」 전문

그러나 새로움은 얼마나 위험한가. 의지처가 없이 홀로 서야 하는 언어는 외롭다. 이는 마치 보석인 진주가 부화하여 날개를 다는 순간과 같다. 그러나 창조적 주체는 자기의 언어로 보편성을 확보해야 한다. 이전의 비행 방법에서 벗어나 우주로 날아가는 우주선처럼 넓고 튼 우주에서 고독하게 멀리 가면서 조그만 세계에 남은 자들이 알아들을 수 있게 신호를 송신해야 한다.

19인 공동시집

웃지 않을 권리

ⓒ 조평자 외

초판 1쇄 인쇄	2024년 11월 15일
초판 1쇄 발행	2024년 11월 22일
지은이	조평자 외
펴낸이	김석봉
디자인	헤이존
펴낸곳	문학의전당
출판등록	제448-251002012000043호
주소	충북 단양군 적성면 도곡파랑로 178
전화	043-421-1977
전자우편	sbpoem@naver.com

ISBN 979-11-5896-674-4 03810

*이 책의 판권은 지은이와 문학의전당에 있습니다.
*양측의 서면 동의 없는 무단 전재 및 복제를 금합니다.
*잘못 만들어진 책은 바꿔드립니다.